百姓心理丛书

现代家长的忧思与求解

施铁如 著

暨南大學出版社
JINAN UNIVERSITY PRESS

中国·广州

图书在版编目（CIP）数据

现代家长的忧思与求解 /施铁如著. —广州：暨南大学出版社，2014.7
（百姓心理丛书）
ISBN 978－7－5668－1008－3

Ⅰ.①现… Ⅱ.①施… Ⅲ.①家庭教育—研究 Ⅳ.①G78

中国版本图书馆 CIP 数据核字（2014）第 086766 号

出版发行：暨南大学出版社

地　址：中国广州暨南大学
电　话：总编室（8620）85221601
　　　　营销部（8620）85225284　85228291　85228292（邮购）
传　真：（8620）85221583（办公室）　85223774（营销部）
邮　编：510630
网　址：http：//www.jnupress.com　http：//press.jnu.edu.cn

排　版：广州良弓广告有限公司
印　刷：湛江日报社印刷厂

开　本：787mm×960mm　1/16
印　张：12.25
字　数：188 千
版　次：2014 年 7 月第 1 版
印　次：2014 年 7 月第 1 次
印　数：1—3000 册

定　价：29.80 元

现代家长与历代家长（代序）

对《现代家长的忧思与求解》真有必要界定一下。就像课题申报那样，我试图为著作增加点学术味道。好在现在的家长由于大学的扩招而多数具有大学的文化水平，不再像其父辈那样在 20 世纪 50 年代小学毕业，虽然仍是文盲，却是村里的大知识分子。在普及九年义务教育（有些地方甚至普及十二年教育）的今天，大学生找工作都非常困难，更不用说是小学毕业了。时代的进步对学历的要求提高了，家长对子女的期望也是相应地水涨船高。

于是就有了“现代家长”之说。因为以前的家长是不那么讲究学历文凭之类的，他们讲究的是家道、家训。不懂文字的普通百姓讲究家道，懂文字的秀才举人以及官宦们则讲究家训，于是就有许多家训流传了下来。但他们那时的教育环境没有现代家长面临的这样复杂。城市的“独生子女”，进城务工携带的“外来工子女”，以及与父母分离的农村“留守儿童”，再加上国人重视子女生活并多从教育找出路的期望，构成了中国现代家长忧与思的独特现象。

“忧”什么？忧是对问题所在的寻找。除了独生子女、打工子女、留守儿童等特殊的教育对象外，社会对学历文凭的要求、学生升学时的分数排队、择校、升学率、学位房、网瘾等现象更是增添了现代家长的苦恼。

所以现代家长多苦呀！面对诸多的困惑想不通而“忧”时，就有进一步的苦“思”。苦思是对问题原因的求索，思索该“忧”什么，为何“忧”，就是为了求解，使不必要的“成龙梦”变为实实在在的

"成长篇"。

在大多数人看来，如果你遇到问题而一味去埋怨环境，这只能会被认为是你在为自己无所作为找借口。当然，有句话说得好，如果你改变不了环境，那么你就改变自己。因此，我们首先要改变自己，使自己的家教方式跟上时代的前进步伐以及儿童发展的状况。

在教育子女的问题上，家家都有本难念的经。但破解的方式、方法是大同小异的，最终父母所期盼的结果也是殊途同归的。于是社会上就有了家长学校等机构和家教指南之类的书籍。

我在此探讨现代家长的忧思与求解，并不是我个人的经验之谈，而是为了向家长们介绍一些成功家教的方法。我也为人父母，也和同辈人一样经历过艰难的岁月：长身体时遇到全国性的"经济困难"，读书时碰到了全面停课闹"革命"，婚恋时赶上了"扎根农村"不敢谈恋爱，成家时赶上了"只生一个好"的年月。这一系列"机遇"使男人变成了"难"人，要嫁给男人的女人也就嫁给了"难"，所以也就有资格谈谈家长们普遍面对的"难"题了。

20世纪80年代中期，我在美国学习时，发现美国学者也对中国当时出现不久的独生子女现象感兴趣，他们纷纷和中国学者合作研究此问题。如今，独生子女们也早已成为或即将成为家长了，其优点、缺点是否也"遗传"了下来？随着2014年各地先后出台的"单独可生二胎"的政策，独生子女现象的日子即将结束了，我希望"独生子女"不再成为以后家长们话题中的主题。

但问题是家长们的忧思仍存在着，到了子女婚嫁的年龄，"剩男剩女"以及"离婚再婚"现象不断出现并蔓延开来。于是"婚介公司"应运而生，有偿服务、群体性相亲代替了以前免费做善事的"红娘"，"非诚勿扰"之类的相亲节目也大行其道。2014年春天，《大丈夫》、《一仆二主》、《我爱男闺蜜》、《老公的春天》等讲述此类现象的电视剧吸引着人们的眼球，"老少恋"、"富婆屌丝恋"等故事制造着婚恋中的"春天"，当然它们也同样困扰着当事人和家长们！如果真要"包办"子女终身，那就是"忧思"永无尽头了。

我庆幸自己出生在一个讲究民主平等的家庭里，在抗日的年代参加革命的父母在家里也讲究民主平等，因此我没有被打骂过的成长经历，同样我的儿子也享受到了这种民主平等家庭的成长经历。

作为家长的我，也曾经在烈日下骑着自行车搭载子女去参加“奥数班”，幸好只坚持了一年看到儿子没有该方面特长便放弃了。我没有过多地干预其“独立”，也正是因为孩子的这种独立，免除了我在校门口等待其高考以及送其到大学读书的辛苦。其实这种秘诀得益于父母的“无为而治”，历代家长也可能这样，他们并没有刻意地进行“家教”。

今年清明时节，我回到家乡给父母扫墓。同去给父母扫墓的除了我的兄弟姐妹外，还有没有血缘关系的珠姐夫妇与其弟。珠姐是我姐半个世纪前的最好的高中同学，她在高考时因为突然的灾难而成为孤儿，从此她以我家为家。后来我家因为“那个著名的十年”也遭受了磨难，她和也曾是同学的丈夫一起帮助我们渡过了难关。祭奠先人结束聚会时，儿子听了我们对当年的回忆，也听了我给他讲述当年的故事。他觉得这些故事都生动地诠释了“人”字互相搀扶着的笔画构造，也说明了“人”字的意义和人是如何在困境中前行的。从我的这一经历看来，“家史”其实是对子女最好的家教材料。

对于“家史”，这已经是半个世纪前的说法了，现在不流行了，现在说成“家教”。但不管是哪种说法，都是期望把家庭中美好的东西传承给后人。现代家长和历代家长一样都希望把美好的东西让子子孙孙传承下去。

扫墓后，小妹送给我清明期间当地宗教人士举办“祭祖大典”的纪念册《承先启后，继往开来》，她说我喜欢读书、写书，这书也许会对我有用。我打开一看，更加清楚了清明祭祖这一中华优秀文化精神的“承先启后，继往开来”的延续。

关于祭祖的意义，册子中这样写道：

中华民族自古“以道治国，以德化民”，而孝敬为中华民族传统道德的大根大本。中华民族得以历数千年而不衰，皆赖此以孝敬为根本的文化传统从中维系，使中华民族具有强大的凝聚力。

“孝”字为“老”字与“子”字之结合，含义为前代与后代为一体，不可分割。正如“果不离根，流不离源”，若无历代祖先之辛勤耕耘，则无后代子孙之辉煌成就，故后代子孙对于祖先必须感恩戴德，必须实行孝道。

我明白了，原来“清明时节雨纷纷”，洒向人世间万物的就是这种应该代代相传的最美好的东西。而我们口干舌燥所要谈论的“家教”，正是这种怀念祖先的祈愿。

现代家长也会随着时间的流逝而成为历代家长，每一代的家长们都该问问自己给子孙教育了什么，留下了什么。

有个外国故事：

从前有个老人，眼睛花，耳朵也聋，双膝还不住地颤抖。每当他坐在餐桌前吃饭时，汤匙也握不稳，常常把菜汤洒在桌布上，汤还会从嘴边流出来。儿子和媳妇都嫌弃他，给他一只瓦盆，把饭菜盛到盆里面给他吃。

有一天，老人的手颤抖得连那只瓦盆都端不稳了，瓦盆掉到地上打碎了。儿媳妇没完没了地训斥他，老人一声不吭，只是不住地叹气。于是他们花了几分钱买来一只木碗给老人吃饭用。

后来有一天，老人四岁的小孙子蹲在地上拾掇碎瓦片。

“你这是干什么?”父亲问。

“我要做一只木碗，等我长大了，让爸爸妈妈用它吃饭。”

听到这话，儿子和媳妇对视了一下，最后竟哭了起来。他们立刻将老人请到桌边，让他从此和他们在一起吃饭，即使老人洒了点什么，他们也不再说什么了。

这个故事告诉人们的道理是：我们所做的一切，孩子都看在眼里记在心里。如果我们都希望小孩以后能做个正派人和孝敬自己，那自己就要给孩子作出好的榜样。“木碗效应”证明了身教比言传更重要!这是现代家长都应该明白的，并且也成为历代家长经验之谈的简单道理。

施铁如

于2014年清明时节

目录 CONTENTS

下编　解在何方

上编

忧思何在

1 成龙梦中的困惑

“望子成龙”和“望女成凤”是中国家长对后代的期盼，可是在期盼实现的路上，令人困惑的问题真多啊！这令家长苦恼和操心不已。

1.1 不只是龙年的悲怆

龙年应合了“望子成龙”的“好意头”，但似乎因为是“本命年”，事事便要小心翼翼，甚至有人竟然认为会有许多不吉利的事情发生。其实，这些只是偶然而已，不如意的事情要发生才不管你龙年还是蛇年或其他什么年。这些都说明其实问题不在年份上，而是在于家长自身。

龙图腾与“成龙”悲怆

龙是我国古代传说中的神异动物，能腾云驾雾，呼风唤雨，威力无比。也许正是因为这种强大的气势，龙成为我们民族的图腾。只要是土生土长的中国人，无论散落在地球的哪一个角落，都喜欢以“龙的传人”自居。众所周知，在古代，龙又因其尊贵的形象与主宰一切的权势而作为封建帝王的象征。帝王的各种用品也都添加上一个“龙”字，诸如龙袍、龙床，也都以龙的雕像、绣像、画像为装饰。其次，龙又因其飞黄腾达、威震九州的形象而成为人们期盼子女出人头地、成名成家的象征，于是便有了“望子成龙”的说法。如果是女儿，则是鸟的贵族——凤凰，于是便有了“望女成凤”的说法。但概括起来都可以说成“望子成龙”。

围绕望子成龙，历代书籍中便有了种种有关家教的典范之作，诸如《颜氏家训》、《袁氏世范》、《温公家范》。随即也就有了种种有关家教典范的美谈，诸如“孟母三迁”、“岳母刺字”、“曾参杀猪”。诚然，这一切确实为正确的家庭教育提供了有益的参考，但它也进一步强化了家长们望子成龙的愿望。

尽管近代社会革命推翻了我国以龙为象征的封建帝王，当代科技进步也进一步消除了人们对龙的迷信，但是望子成龙之梦却从来没有像现在这样困扰着中国的每一个家庭。因这“成龙梦”引出的风风雨雨、是是非非，也令我们的家庭教育陷入了前所未有的困境。

民间流传说“本命年”是出麻烦、出乱子之年。1988 年龙年，孩子们的成龙之梦果真屡屡遭遇了厄运。

就在即将跨进龙年之际，厄运就提早揭开了第一幕。1987 年 12 月 21 日，青海 9 岁的小学生夏某，因期末考试两门课成绩均低于 90 分而被亲生母亲活活打死，其母后来也悔恨自杀。

进入龙年，因“成龙梦”引出的悲剧一桩接一桩。1988 年 2 月 2 日，南京 19 岁的自费走读大学生王某因不满其父母在学习上的严格要求，亲手残杀了身为教授的父亲和副教授的母亲。

1988 年 10 月 13 日，杭州市骆某某到学校接 8 岁的儿子时，正巧看到儿子因喷水嬉戏欺侮女同学而遭到老师批评。回家后，母亲把儿子狠揍了一顿并把儿子吊起来，自己也套上另一根绳，想和儿子同归于尽。结果吊儿子的绳索松脱了，儿子未死自己却死了。

1988 年 11 月 3 日，吉林省集安市 12 岁的儿童孙某某因逃学遭到父母打骂，事后他伙同另一位同学将自己的母亲骗到水稻田砍了 22 刀，其母亲当即惨死在亲生儿子身边。

1988 年 11 月 10 日，广州华南师范大学幼儿园保育员张某，因 15 岁的儿子学坏不争气而上吊自杀。

当年，社会各界关于“怎样才能防止夏斐悲剧重演”的舆论沸沸扬扬，但 24 年之后，本来是“换了人间”的 2012 年，却又开始不断地重演着以前的那些悲惨故事：

2012 年 2 月 7 日，河南省郑州市一名 17 岁的高二学生因不堪学习压力，将对其管教甚严的亲生母亲用哑铃活活砸死！

2012 年 4 月，住在江苏省苏州市吴江经济开发区的储先生一家，发现 11 岁的儿子不见了，一家人四处寻找。然而最终找到的却是孩子冰冷的尸体。原来孩子遭父亲责骂，想不开而跳河自杀了。

2012 年 7 月，广东省雷州市黄某以要到山东打工为由向父亲要钱，遭到拒绝后便对父亲实施殴打，最后于 7 月 14 日凌晨 5 时 30 分在家中持刀先后杀死母亲、父亲、胞弟 3 人。

2014 年 3 月 22 日，深圳某出租屋内，一名 14 岁少女与妹妹吵架后将自己反锁在家中自缢，被发现后经抢救无效身亡。

……

在这些不断重演的人伦惨剧中，不论是子女杀死父母或是父母杀死子女，还是子女、父母自杀，其原因皆出于“望子成龙”之梦：或是由于父母过高的成龙期望给子女造成了难以忍受的压力，于是便有了子女近乎毁灭性的抗争；或是孩子不切实际期望的落空给父母带来的极度失望，极度失望的情绪战胜了抗挫力极低的理智，于是便引发了诸如上述的极端行为。极端的爱异化成了极端的恨。这都是由于成龙之梦破灭这一无法接受的现实造成了父母精神上的彻底崩溃，以至于他们想通过死亡寻求最后的解脱。

龙年上演了世间许许多多家庭望子成龙的悲剧，但同时悲剧也在其他年份不停地上演着。那么，这些现实中的悲剧是否能给人们带来震撼心灵的警醒和启示呢？

古老而悠久的歌

流传甚广的歌曲《弯弯的月亮》这样唱道：

遥远的夜空，有个弯弯的月亮，
弯弯的月亮下面，是那弯弯的小桥。
……
阿娇摇着船，唱着那古老的歌谣，
歌声随风飘扬，飘到我脸上，
脸上淌着泪。
我的心充满惆怅，
不为那弯弯的月亮，
只为那今天的村庄还唱着过去的歌谣。

……

当然，也许今天很多的家庭所唱着的最古老的歌谣还是望子成龙。

望子成龙，用现代语言来讲，它体现着家庭教育的价值目标。价值本来指的是凝结在商品中的无差别的人类劳动，它通过商品交换过程体现出来。家庭教育也需要付出劳动，它所制造的产品——子女的成长也蕴含着价值。这种价值是通过父母对子女的教养和日后子女在精神上或物质上的回报（如光宗耀祖、养老送终）这样一个相互关系过程来实现的。家庭教育价值目标就是家长在培养子女方面所设定的方向水准或期望水准。它在方向上有较大差异，有的期望子女向实用技术方面发展，有的期望子女向学术理论方面发展；它在水准上有高有低，有的期望子女能成为自食其力的守法公民，有的期望子女成为地方名人。

望子成龙从广义来理解是父母期望子女成为合乎社会要求（当然包括道德上、智能上、体格上的要求），能为国家利益、社会利益、家庭幸福作出贡献的人。从这一意义来说，望子成龙是与社会发展要求相适应的，是完全合理的愿望。

但从狭义来理解，望子成龙则是父母期望子女能出人头地，获得功名利禄。从这一意义来说，望子成龙是建立在把子女作为家庭私有财产的基础上的，主要是从家庭这一狭义范围的利益着眼的。因此，它不一定完全符合社会发展的要求，也往往会脱离客观实际。在私有制社会里，由于私有观点主宰着人们的思想、言行，因而望子成龙大多也被这样狭义地理解。五代后周时的渔阳大地主窦燕山，一心希望儿子从政做官。在他的培养下，五个儿子后来都当了高官。因此，窦燕山教子一事，一直被后世传为佳话。

当我们仍然悲哀地唱着过去的歌谣时，是否想过，这种悲哀来自现在所唱的时间、地点以及各种条件的变化。

首先，随着时代的变化，孩子教养观念也从过去的私有变为了社会共有。前面所说的古人教儿的佳话只能进一步强化人们在养儿教子方面的某些陈旧观念。新时代里，养儿教子是为了国家和子女的未来，这种观念越来越广泛地为人们所接受。于是就有了相关法律出台，以保护未成年人成长，干涉父母虐待子女的行为。但是当今社会，私有观念还或多或少地残留在人们的头脑中，所以私有的望子成龙观念在一些父母群体中还占有相当重要的位置，而我们这里所分析的“成龙之梦”指的就是在这样一种私有观念指导下的家庭教育价值目标。由于它不完全符合社会发展要求或者虽然符合社会要求，但脱离客观实际，因而往往难以实现，仅仅表现为一种美好的梦幻。

另外，条件的变化也体现在过去经验与现代科学文化的发展上。在信息闭塞的农业社会里，人们的成长大多依靠的是前人的经验。于是就有了“不听老人言，吃亏在眼前”的俗语，家长的任何言辞成了孩子必须执行的“金科玉律”。但在现代社会里，科学的迅速发展，以及各种媒体又把这种发展迅速传播给人们，尤其在新事物的接受方面，孩子可能比父母更快。凭经验做事不得不让位于凭知识才学，年轻的孩子们在这方面更胜一筹。过去靠经验摆老资格的父母们最终要和掌握新知识并适应社会发展形势的孩子们发生冲突了。家庭教育的方式如果还停留在过去，就必然会寸步难行。

1.2 “起跑线”的忽悠

近二十多年里，“起跑线”的说法妇孺皆知、家喻户晓。于是在它的忽悠下，许多家长们对子女的担心更无以复加地沉重起来，搞得一家几代人不得安宁。

爱恨交加的起跑线

起跑线是为确保竞技比赛公平的标记，起跑线作为比赛的起点是一样的，但最后谁能获得冠军就要凭个人的实力了。起跑线作为体育运动与竞赛公平的起点，来自体育运动最高标志的奥林匹克运动会。当奥运精神也被各个领域，包括教育界所接受时，对起跑线变味或变异的理解却不知不觉地腐蚀着人们。于是“不要输在起跑线上”诸如此类的话语被现代家长们捡起、放大，继而成为自己包袱的口号。

把体育场上的竞技引用到教育上，确实是对家长的忽悠。说它是忽悠，是因为它使可怜的人们在现代功利主义的驱使下，把竞赛得奖牌和日常竞争当作了一切。“起跑线”问题在儿女来到人间之后便成为沉重的“包袱”并落到了“父母”的肩上。它表现在：进入兴趣班越早越好，从两三岁就开始，甚至更早，早到“零岁”，或者叫“胎教”。不论哪个阶段，都要争取让儿女进入“名牌”幼儿园或更高一级的学校。

说它是忽悠，还因为它把注意力集中在起点而不是过程。人生不是短跑，也不是中长跑，它是一场马拉松——马拉松从来没人抢跑，也无“输在起跑线上”的说法。不要在意从哪里起步，不要在意一开始跑得怎样。“条条大路通罗马”，从很多条路都可以跑到同一个终点，而参赛的人往往在无意中才会跑得更远。

“起跑线”的说法逐渐没人接受了，一些志在“钱途”的教育培训班在广告上又换了说法，提出了“赢在终点线”。于是就有了“抢跑”——“抢跑”就是没有规律地“乱跑”。

有专家认为，“现在我们的问题是抢跑，幼儿园学小学的东西，小学学中学的东西，到了大学，反而要补幼儿园该学的东西，比如行为习惯、人格培养”，是典型的“捡了芝麻丢了西瓜——因小失大”。如果从幼儿园就开始快跑，需要跑 3 ~ 4 年的幼儿园，12 年的中小学，那么这些应试教育出来的高分孩子，到大学就精疲力竭了，大家都想休息一下，喘一口气，而且到了大学，突然间不用考试，学生们也就毫无方向感了。所以，中国大学生发展会出现后劲不足的现象。

不管是赢在“起跑线”还是“终点线”，都纯属忽悠！为什么一定是跑？不可以是游泳、跳高等其他项目吗？各人有不同的特点，为什么一定要与他人比较？只要能够坚持，自己能够进步不就行了吗？

可怕的是，被忽悠的人太多了，忽悠便成了“真理”，并传染着本来没“病”的人们。这就说明从众的心理在社会生活中往往会起着助纣为虐的作用。

忽悠出的过高期望

忽悠之所以能够一呼百应，是因为其后面折射着家长过高的期望。近年来，家长中存在着对子女期望值不断升级的趋势。20 世纪 80 年代末，某城镇曾对 60 名家长进行问卷调查，有 40 名家长为子女选择了大专以上的教育目标，比例是66%。20年后的2009年，中国青少年研究中心的调查显示，这一比例达到了97.1%，其中33.8%的家长希望孩子具有研究生学历，50.7%的家长希望孩子将来具有本科学历，12.6%的家长希望孩子将来具有大专学历，仅有2.9%的家长希望孩子将来具有高中（含中专、技校、职中）学历。近年有人曾经对兰州市城区大班幼儿家庭教育现状进行了调查，调查显示，69.7%的家长期望子女接受大学等高等教育，83.5%的家长期望子女将来从事脑力劳动的职业，37.8%的家长期望子女成为博学多才的人，60.5%的家长期望子女样样争第一。这些数据表明，中国父母普遍对孩子抱有较高的学历期望，不仅超出高中生对自己的预期，也与现实可能性严重脱节。

家庭早期教育以及优生优育优教知识的广泛宣传，使许多家长的成龙梦做得更早了。有的当孩子还在娘胎时就开始精心实施胎教，当孩子还在幼儿园时，就不惜重金搞智力投资——买电子琴、小提琴甚至钢琴，买各种智力玩具等。假期里，为了让孩子能上各种兴趣班，父母或爷爷奶奶三更半夜就开始去报名点排队了。

社会上，书法、绘画、音乐、外语等早期兴趣开发班如雨后春笋般出现，家长们都明白这样一道简单的公式：重点幼儿园=重点小学=重点中学=重点大学。于是，为了使孩子有一技之长进重点学校，家长们想方设法让小孩学绘画、学练琴，以便在升学中加分。

兴趣班，谁的兴趣？分明是家长的兴趣。小孩早已对剥夺本该是他们玩耍时间的各种班厌烦了。正如一位外国小儿精神专家所说的："对音乐、美术、科技等提高儿童智能方面的教育，若实施不当，就会成为儿童健康的一大障碍。"这健康当然包括身体的健康与心理的健康。

一项研究表明，在学前班认识较多汉字的孩子，一年级的语文成绩会领先于其他孩子，但是到了二年级，其水平就与其他孩子持平了。"美术教育中大获其利的就是社会上的这些考前教育。8笔画苹果，几笔调色彩，目的是应试。"一位清华大学美术学院教授在一次学术会议上说，这些所谓的美术应试教育的直接后果是学生临摹能力强，表达能力弱，当然也就产生不了大师。

于是，教育部门相关人员警醒了。为了消除这种“兴趣班”招生广告的“指挥棒”角色，取消了升学加分制度。但是，电视上屡屡播出的幼儿、儿童等选秀节目仍令望子成龙的家长们“贼”心不死。

蓬勃的“贼”心，却酿出了媒体一再报道的多起中小学生悲剧事件，它们最集中的原因正是过高的期望带来的压力。过高的期望反而成为家长们不能“心想事成”的主要因素，而且效果适得其反。

关于期望值，行为科学有这样一个公式：情绪指数 = 现实值 ÷ 期望值。该公式表明，当现实值与期望值相等，即孩子的发展状况与家长的期望相吻合时，家长会感到正常并保持对孩子成长的支持；当现实值大于期望值，即孩子的现实发展状况好于父母的期望值时，情绪指数大于1，父母会喜出望外，从而进一步激发其支持和鼓励孩子的积极性；当期望值大于现实值时，即孩子的发展状况达不到父母的期望值时，情绪指数小于1，家长们情绪就低落。这时父母会觉得孩子不争气而大失所望，进而产生负面情绪，甚至对孩子采取高压手段，进行肉体或精神上的伤害。由此可以看出，过高而脱离实际的期望值所带来的失败和消极情绪，在学生、家长和老师之间是互相影响着的，快乐和幸福变成了水中月、镜中花，遥不可及。

问题的关键不在于是否提倡早期教育和是否期望子女成才，而在于这期望以及实现这期望的培养教育方式方法是否符合儿童身心发展的规律。过高的期望，带来孩子的无望；过度的保护，带来孩子的无能；过分的宠爱，带来孩子的无情；过多的干涉，带来孩子的抗争；过多的指责，带来孩子的无措。所以有专家认为，家庭教育的高期望与低管教的矛盾日益突出，家庭教育的高期望并没有建立在家长找到科学的家庭教育方法的基础上。

古老的歌谣与现代的节奏，它们之间该怎么协调呢？而且，家庭教育如何走上科学之路，成人如何保证儿童有充分、自由、健康成长的环境等问题就更值得我们深思了。

龟兔赛什么？

即使起跑线一样，人们也没必要都去争冠军和奖牌，积极参与或锻炼出强健的身体不就可以了吗？如果一定要比出个高低，即使不赛跑，参加跳高、投掷或别的其他项目不也可以吗？

《龟兔赛跑》是大人们经常说给孩子听的故事，用以勉励他们不要像兔子一样骄傲而让乌龟追上来。如果换一个角度，也可能有不同的寓意。为什么它们不能比游泳？为什么它们不能比忍耐饥渴？

动物学校

很久很久以前，动物们决定创办一所学校学习跑、跳、爬、游泳、飞行等活动课程。

鸭子在游泳这门课上表现相当突出，甚至比他的老师还要好，可对于飞行这门课，只能勉强及格。由于跑得慢，他不得不放弃心爱的游泳以腾出时间练习跑步，他不停地练，脚掌都磨破了，才勉强及格。可他的游泳强项，由于长期得不到练习，期末时也只得了个“中”。

兔子在刚开学时是班级里跑得最快的，由于在游泳科目中有太多的作业要做，他只能整天泡在水里，结果精神都快崩溃了。

松鼠的成绩一向是班级里最出色的，可他觉得飞行课的老师实在是不通情理，干嘛规定只能从地面上起飞，而不能从树顶上起飞呢？于是他把时间和精力转移到一种跳跃游戏的发明上，结果到了期末，游戏是发明出来了，可我们的发明家在爬行科目只得了一个C，跑步只得了一个D。

鹰由于活泼爱动受到了老师们严格管制，在爬行课上的一次测验中，他战胜了所有的同学，第一个到达树的顶端，可他一高兴，竟忘了用老师所教的方法，而是连爬带抓加扑腾。因此他不但没有得到老师的表扬，反而挨了一顿训斥。

学期结束公布成绩，普普通通的泥鳅同学，由于游泳还马马虎虎，跑、跳、爬成绩一般，也能“飞”一点，因此他的成绩是班级里最高的。毕业典礼那天，他作为全体学员的唯一代表在大会上发了言。①

《动物学校》的童话讽刺了以唯一的标准要求品性各异的孩子们的现象，这种浅显的道理根本没必要苦口婆心地讲给早已不是儿童的家

① 胡东芳、陈炯编：《谁来塑造人类灵魂的工程师》，福州：福建教育出版社2001年版。

长们听。

输在起跑线上，可能赢得人生；赢在起跑线上，可能输掉人生。我们就那么在乎起跑线吗？

1.3 后进生家长的忧愁

学校里总是根据学生的学习成绩排名把学生分成了优秀、中间与后进，这种优劣的等级排名现象也经常用在各个学校、老师之间的等级划分上。如果子女被归在后进行列，当然也就会令“望子成龙”的家长们忧心忡忡了。

龙种与跳蚤

外国有句谚语说：小心！别播下去的是龙种，生长出来的却是跳蚤。

这一谚语恰好是当今我国家庭教育中普遍存在着的二律背反现象的写照——家庭经济条件越好，学习条件越好，孩子学习成绩越差；父母要求越严，操心越多，孩子表现越糟；大人期望值越高，孩子实现值越低。

某对父母，一个是局级干部，另一个是小学教师。为了儿子能成才，他们费尽苦心托人走后门把儿子送进重点幼儿园、重点小学。小学毕业没能进重点中学，在普通中学读了一年后又花钱找关系把他送进重点中学。但儿子在这样的压力下更不喜欢学习了，而且后来还经常逃学，甚至参加了流氓集团。他父母悲愤地说：“我们前辈子造了什么孽，养育了这么个不争气的东西！”

在全国未成年犯的调查中，有一个案例让我始终不能忘记：这个孩子上高二时因犯故意杀人罪被判无期徒刑。本来他的学习成绩一直都很好，但到高中后，随着学业负担的加重，其成绩开始下降。这时父母对他的期望依然很高，一如既往地要求他在同学中“拔尖”，依然把他作为向别人炫耀的对象，这让他感到了很大的压力，于是他渐渐地对学习失去了信心，最终，当压力无法排遣时，他选择了离家出走并带上了警官父亲的枪。路上一位好心的出租车司机听他的诉说后坚持要把他送回家，而他觉得自己无法面对父母，争执中拔枪把司机打死。作为司法干警的父亲怎么也没有想到自己的孩子会沦为阶下囚，更没有想到自己对孩子的严格要求竟然会得到这样的结果。①

某对父母，个人办企业，家产以百万计。他们对儿子又打又哄，但儿子初中未念完就硬是不肯上学了。女儿进初中后，他们不惜花巨资让她转入重点学校，另外还雇了家庭教师。但女儿的学习成绩却常常不能如他们所愿，并且三天两头逃学。

父母如此的苦心、辛劳却得不到应有的回报、收获，的确令人悲哀和困惑。用现代的术语来说，这就是家庭教育的负效应。产生负效应的原因仍是前面所提到的父母对子女物质上的过分关心，学习上的过于求全，精神上的极少在意。

物质上过分关心所造成的家庭教育负效应是多方面的。在人格品德方面造成物欲膨胀、贪图享受、见利忘义，在亲子感情方面造成真情萎缩、假意盛行；在才学方面则造成玩物丧志无心向学。教育心理学近年的研究成果表明，学生学业落后的主要原因不是他们的智力水平低（经智力测验发现他们中甚至有不少是智力优秀者），造成其学业落后的主要原因是他们的学习兴趣、态度、意志等非智力性因素。生活过于舒适，过于容易满足，这便不能不使一些家庭的子女形成意志脆弱、刁蛮任性、怕苦怕累的性格缺陷。如此而言，他们又怎能不畏艰难险阻，在通向人生高峰的崎岖小路上勇于进取、努力攀登呢？他们又怎能抵御现代社会五光十色的物质诱惑而专注于自己成长中的向上进取呢？

学业上过于求全是造成家庭教育负效应的第二个原因。过于求全仅仅是父母的一厢情愿，但由于它违反人的心理的客观规律，故难以两全其美。心理学规律告诉我们，人与人之间是存在着个性差异的，表现为性格各异，能力不一：有的兴趣在于音乐、美术等艺术天地，有的兴趣在于生物、理化等自然世界，有的擅长于语言文字，有的擅

---

① 关颖：《家长的“梦想”何以成真》，《中国妇女报》，2013年5月16日。

长于数理思考，越是到了高年级，这种差异就越明显。世界上全才是很少的，我们不可能指望每一个孩子都百技俱全。求才心切的父母把一大堆学习任务——学琴、学字、学画、学算……强加在子女身上，不但无法得偿所愿，反而会连他们原有的某方面的兴趣特长也因难以顾及而被荒废。有一则寓言说：一头熊钻进玉米地里摘玉米，摘了一个放在怀里，又摘了另一个放在怀里，可是怀里抱不了那么多，于是一边摘一边放一边丢，到头来一个也得不到。但愿我们不会步这头笨熊的后尘。

心理学规律还告诉我们，人们在能力表现的早晚上也存在着差异，有的人在很小的时候就表现出出色的才智，有的人到年纪较大时才表现出过人的本领。生物进化论的创始人达尔文少年时代记忆力很差，刚背熟的古诗不到 48 小时就全忘光了。发明大王爱迪生少年时代犯"傻气"，功课不好，考试总是全班倒数第一，因此只上了三个月的学就被退学了。所以，如果我们不考虑儿童成长的规律，而对子女过于求全，结果只能是拔苗助长。

20 世纪 80 年代初，若干神童家喻户晓，许多高校也为此开设少年班。但如今，这些昔日的神童几乎全军覆没，没有一个成为栋梁之才。这些孩子没有输在起跑线上，但是他们或其父母将人生的马拉松赛跑误认为是短跑，于是，在拼尽全力赢在了起跑线上后，却后劲不足，最终一无所成。

台湾著名作家林清玄说，世界精英都不是当年的尖子生，他们读书时在班级的排名通常是第 7 到第 17 名。他们成功的原因之一是这些孩子的人际关系更好，可以和学习成绩第一名的做朋友，也可以和学习成绩最后一名的做朋友。因此除了学习，孩子更应掌握下面五种能力：面对挫折的能力、爱的能力、认识生命多元价值的能力、拓展视野的能力、表达自己情感和思想的能力。

这些能力都是精神的力量。现实生活中，与物质上的关心相比，父母对子女精神上的关心实在是太少了，这是家庭教育负效应的原因之三。子女的兴趣是什么，心里想些什么，有什么烦恼困惑，有什么幻想追求，对此又有多少父母能够做到心中有数？一个人的健康发展不仅需要物质上的营养，更需要精神方面的营养，前者仅有助于身体发育，而后者则为心理发展所必需。中小学时期，儿童的心理还很稚嫩，不成熟，极需要老师、家长的指点、引导、帮助，也就是精神上的关心，没有这种关心，心理的发展就会出现障碍或偏差。但精神上的关心不是事无巨细都对子女唠叨不休，而是尊重他们的人格，理解他们的喜怒哀乐。当他们有了烦恼困惑时能及时帮助并给予慰藉，当他们遇到挫折时能给予启发鼓励，当他们取得好成绩时能及时表示肯定、赞赏。这样才能使子女在人生的每一步上都感受到爱的力量，这种关心才体现了真正的爱、科学的爱。而且它是任何物质所代替不了的。

先进与后进

一位自嘲为“差生”妈妈的家长，在她的儿子终于顺利度过“小升初”之后，回首6年培育孩子的艰辛经历，写下了一篇长达5 000字的文章，讲述了她与众不同的育儿理念。

小学刚入学的时候，儿子作业抄不下来，拿回来的作业都是甲骨文一样的天书。我只好硬着头皮给其他家长打电话，听着人家的小姑娘口齿清晰、倒背如流地把老师布置的作业一五一十地说出来，我那个伤心呀！我提醒自己不能和人家比，因为一比就会更失望。

一、二年级的时候，儿子的最大问题是注意力不集中，我当时总结他为“三不”学生——上课不听，作业不写，考试不答。

或许儿子真的不知道上学是怎么回事，反正老师讲什么他都觉得好像与他无关。虽然没有什么坐不住的情况，但听课效率不高是他成绩不理想的主要原因。

回家之后，儿子也没有养成马上写作业的习惯，总是磨磨蹭蹭。我只好连哄带劝，威逼利诱，到最后甚至需要把他按在书桌前。好不容易写了一页，忽然发现后面还有两页，小家伙立马绝望地坐在地上不起来了，放声大哭。我一看都9点了，心一横说：干脆就写到这儿吧！

在此我要感谢儿子的老师们，能够体谅这个孩子的特点。虽然儿子没有按时完成作业，但是周末我一般会补上，整个一、二年级我都保证了孩子9点上床睡觉，充足的睡眠对孩子来说太重要了。

考试不答，那是因为儿子不知道考试是什么，刚开始读不懂题，后来答着答着就开始玩了。尤其是期末的时候连续两周，每天带着朱笔的“待达标”卷子回家，我的心情沉甸甸的。

与其他孩子比起来，我们上学多学了一门功课，那就是“逆商”，即在逆境中相信自己，勇敢地面对，并走出困境。的确如此，当所有的分数都在告诉你不行，你还能每天带着灿烂的笑容去上学，这本身就已经是一种成功了。战胜自我，乐观向上，有这样一种精神，孩子走向社会还会怕风雨、怕挫折吗?

终于，在家长的耐心帮助下，孩子有了进步，转机是在家长彻底绝望时来临的。

学习能力也许是天生的，家长千万不能强求。只有你接受这个现实，才可能有针对性地帮助他；而如果你不愿意接受自己的孩子及其令人绝望的成绩，那只能越来越往下滑。这个过程是非常痛苦、非常煎熬的。我经常会彻底否定自己，觉得自己是个失败的家长。而当你愿意接纳孩子，更重要的是接纳自己的不完美的时候，转机也就出现了。

我们必须承认每个孩子的天生禀赋是有很大差异的。我们一定不要和其他人去比较，只要一比，你就会失落。在成绩不佳的情况下，我们也要保护好孩子的自信，这考验着每一个家长。

家长感悟到：只有接纳孩子的不完美，才不会痛苦不堪。在孩子的学习成绩不佳时，也要保护好孩子的自信。获取知识很容易，培育孩子的人生智慧却很艰难。

怎么样让“后进生”也健康地成长，这是家长智慧的体现。而这种智慧就在于他们也把智慧交给了孩子。

太阳与星星

当千千万万的家长在期望自己的子女能出人头地时，也不应该漠视这样的一个事实。在社会、教育和心理现象中，绝大多数都是呈现出两极的情况较少、中间状态较多的情形。例如同龄学生的身高，特高和特矮的是少数，一般高的为多数；从学习成绩来看，特好与特差的是少数，中等程度的为多数；从智力水平的分布看，称之为天才的和愚笨的都只各占人数的3%，而绝大部分处于中间状态。这种规律称为正态分布规律。由于这样的规律，绝大多数家长的高期望根本无法实现；相反，它只是一种自我设置的精神负担罢了。所以，如果他们仅是希望自己的子女能成为遵纪守法、自食其力、符合社会发展要求的劳动者，则这种普通的愿望绝大多数人还是可以实现的。

太阳仅有一个，月亮也仅有一个，而星星却有无数个，成为太阳或月亮的几率能有多大呢？

一位哲人说："如果你不能成为一棵大树，那么就当一丛小灌木；如果你不能成为大道，那就当一条小路；如果你不能成为太阳，那就当一颗星星。决定你成败的不是你体形的大小，而在于做一个最好的你。"

这句话所蕴含的哲理是：顺其自然，不必强求。正如每一颗星星都有自己的运行轨道，每一个人都有适合自己的位置。只要是金子就能发光，只要你找到适合自己的位置，就总能对国家、对社会作出一份贡献。

旧的教育观念，包括学校的、家庭的教育观念，正是因为违反了人类的天性，以同样的一种标准——升入名校、成名成家——来强求每一位才能、性格各异的儿童，从而带来了失败多于成功的后果。这是客观规律对违背它的主观意志的报复。对此，一位教育专家一针见血地指出，以前的教育实质上是培养失败者的教育，千千万万的青少年在教育的金字塔上苦攀，经过一层又一层的淘汰，升上高一层的是成功者，升不上的是失败者，到最后升上塔尖的是成功者，而进入社会的大部分是失败者。于是大部分人带着失败者的心态，或者垂头丧气，或者满腹牢骚地去面对错综复杂的社会。那么，这样的人又如何能够适应社会、把握人生、创造未来？

新的教育观点认为：天生其人必有才，天生其才必有用；人必有才，人无完人，才无全才，扬长避短，人人成才。世上没有什么全才，但每个人总会具有某一长处。教育的成功不在于使人人都唱歌优美、绘画生动、出口成章——这只是美好的幻想，而在于发现、挖掘每一个人的长处，使他们各自的才能在合适的天地里发展，并成为社会所需要的人才。

相传明朝时，周元素家有位十多岁的书童叫阿留。一天，主人外出让阿留看家，并要他记住有什么人来过。主人回来后问阿留，阿留说："有个瘦的，有个胖的，有个漂亮的，我怕记不住那么多人，就把门一关，不让他们进来，后来他们都走了。"又一次，周家一条床腿坏了，要阿留到园子里找一根能替换的树干，他找了老半天，两手空空回来说："树干都是向上长的，床腿都是向下的，怎能找到合适的?"逗得旁人哈哈大笑，认为他傻。但周元素却发现每当自己在绘画时，阿留在一旁观看的神情总是特别专注。一天，他调着颜色，对阿留开玩笑地说："你能画一张吗?"阿留说："能，这没什么难的!"说完便拿过笔，非常熟练地画了起来，而且画得很好。于是周元素便收阿留为徒弟，使他的绘画才能有了充分发展。周元素的聪明之处在于没有强求阿留成为出色的管家，而在于发现培养他的绘画才能。

也许现在我们会明白，再多的钢琴、小提琴、电吉他也不意味着一座音乐城的崛起；相反，这很可能意味着少年儿童多姿多彩的个性、才华被湮没。所以，对待孩子的学习我们需要的是更多的理解、发现和帮助。

星星不一定总比太阳黯淡，只不过它们的距离更加遥远。

2 消费热后的沉思

消费热是在国人的钱包鼓起来以后出现的现象。从囊中羞涩到出手大方，这是经济上的进步，但父母在子女培养上用金钱代替情感，就成了精神上的贫困者了，这种现象值得我们深思。

2.1 财富的风暴

三十多年的改革开放，首先刮起了财富的风暴。这风暴一刮，真令中国变了个样，从小家到大家，从购物到贷款，从经济到政治……变化的不只是钱包，还有许许多多我们所熟知的变化，令思想没有充分准备好的人们措手不及。

拓起的经济鼓胀了钱包

改革开放的浪潮使我们国家人民的经济生活在三十多年里发生了翻天覆地的变化。据统计，改革开放后的1978—1988年的10年间，我国国民生产总值每年平均增长9.6%，远超出1953—1978年的26年间年平均增长6.1%的发展速度。

2012年，我国国内生产总值达51.9万亿元，比上年增长7.8%。我国已经连续4年新增GDP达到世界经济增量的20%左右，居全球第一。

与此同时，人民的物质生活水平显著提高。1953—1978年，全国居民实际消费水平每年平均增长2.2%，1978—1988年则每年平均增长7.6%。1988年，全国居民实际消费水平绝对值是714元，2010年则是9 963元。1977年我国居民消费水平仅相当于1952年的1.72倍，2010年则增长了19.31倍。与改革开放后的1978年相比，2010年居民消费水平增长了9.62倍。

《中国统计年鉴》显示，我国城乡居民人民币储蓄存款，1978年是210.6亿元，2011年达343 635.9亿元。

随着人们的钱包越来越鼓胀，现代衣饰、现代家具、现代家电不断进入人们的家庭生活。改革开放之初，我们还是以电风扇、电视机的家庭拥有量作为衡量家庭财富的标准，但现在这种标准则远远过时了。

关心子女教育的人们愈发把钱用在孩子们的教育上。有效样本将近3万份的《2011中国家庭教育消费白皮书》的数据显示："家庭每月用于孩子消费的平均金额为1 370元，其中用于教育消费的平均金额为599元，占月消费额的44%。教育支出比重日益增大。"虽然它调查的是中国社会中具有一定经济实力及消费意识、关注教育投资的中产阶层，但这也可看出人们的心态。

生活变迁的措手不及

衣食住行的变化，则令人们惊愕生活变化得太快而更加手足无措了。

四十年来家庭经济生活变迁

20世纪70年代：穿衣凭布票，衣服传三代；吃的粮食、鱼肉凭票定量供应；全家挤住的小房由房管所或单位安排；上下班是"11路"（步行）为主，自行车是少数家庭难得的奢侈品；包括自行车、缝纫机、手表、收音机在内的"三转一响"成为当时家庭富有的标志。

20世纪80年代：穿衣看港台的新款式，但却被贬斥为奇装异服；鱼、肉不再凭票供应，可以大口吃鱼、大口吃肉；房子变大，房屋装修成为时尚；家家有自行车，名副其实的自行车王国显现；电风扇、电视机普遍出现于家庭，"三转一响"的追求已经过时了。

20世纪90年代：穿衣讲究成为打扮自己的必要步骤；在农贸市场

和超市可以随意选购自己爱吃的东西；家住大房子，并且有自己的产权；摩托车代替了自行车；空调、电脑进入家庭并逐渐普及。

21 世纪以来：穿衣追求款式和潮流；上饭馆、餐厅成为家庭聚会、朋友聚会的常态；为了财产保值，许多家庭拥有几套房产；为了交通和环保，许多城市禁摩托车了，于是小汽车又成为普通家庭的代步工具，国外旅游胜地到处充斥着中国人；连小学生都有手机了，随时可以上网浏览信息和各种视频的平板电脑流行开来。

这一切变得是那么快，那么突然，以至于人们来不及和贫穷的昨天说声“拜拜”，来不及对突然转变的现代物质生活做好心理上的准备，就被卷进了闯入了我国大门的由发达国家主导的消费文化掀起的现代消费热中。

说这变化令人措手不及，是因为旧观念的转变跟不上形势，有钱了怎么用的考虑没跟上形势，精神的提升没跟上形势。于是，“土豪”作为炫耀、羡慕、嘲讽而百感交集的名词在2013年成为了年度热词。

钱包鼓胀的潮水无声无息地涌进了一向与铜臭无缘的宁静的校园。如果说当时人们尚未意识到什么的话，那么当人们开始从热浪中清醒过来时，便惊讶地看到，它已使校园里“纯粹”的小消费者们变为“消费大亨”了。让我们把长镜头对准那些还未踏进生产者行列的小消费者一代吧！

2.2 校园里的“消费大亨”

“消费大亨”本该出现于会赚钱的人群之中，但还只是消费者的孩子们却沾染了乱花钱的毛病，在孩子们的观念里，好像钱真会从天上掉下来的那么容易。

出手阔绰的“小消费者”

一所中学组织学生到外地风景区旅行，高三年级有两个学生姗姗来迟。当他们来到学校时，集体包租的大客车早已出发了，但这两位“阔少”一点也不着急。他们先到茶楼喝早茶，然后大大方方地在马路上截了一辆的士，直奔100公里外的目的地，并且追上学校的大客车。当老师问他俩坐出租车花了多少钱时，他俩却毫不在意地说："小意思。"那满不在乎的表情令老师瞠目结舌。

中国少年儿童十年发展状况研究报告显示，1999—2010年十年来，我国城乡物质文化生活水平不断提高，电脑、手机等电子产品日益普及，衣物等生活必需品的质量档次也在不断提高。2005年，我国只有3.6%的儿童拥有300元以上的高档鞋子，而2010年这个数字达到11.8%，增长了三倍多。

记者调查发现，手机、笔记本电脑、MP4是最受中学生追捧的"三大件"，说起这些高档消费品的品牌的上市时间、价格、型号，很多中学生都倒背如流。一些老师表示，现在几百元的名牌运动鞋在学生中已经很普遍，甚至连上千元一双的全球限量版名牌运动鞋也有学生买。初三学生晓晓说，自己脚上的名牌新款运动鞋是她上次期末考试进入前十名后父母奖励的，如果中考能考上名校，妈妈承诺还会奖励几千元。

互相攀比的思想更使中学生的这种消费心态像传染病一样蔓延开来。在学校附近的高档餐厅里，常有穿着校服的"小寿星"宴请同学。据了解，现在一些中学生过生日还提前发请柬，被邀请的同学纷纷揣着礼金来赴宴。

一个女学生向其父母提出要钱摆酒席过生日，但却嫌父母给得少，父母不肯再多给，她便躲起来，急得父母通过电台、报纸寻人。三天后她回来了，父母只得答应给她大办生日宴会。一位同学告诉记者，现在同学过生日不兴送礼物了，都是随份子，简单又实惠。等到自己过生日时，送出的份子钱能如数收回来，没什么损失。有一个女中学生好几次花钱租场地开生日舞会，她偷偷地对别人说：这算不得什么，亏不了的，你看那么多客人，每人送一份贺礼就赚了。原本纯真无瑕的中学生友谊领地里，竟也逐渐散发出了生意场上特有的铜臭味。

这花钱如流水的派头岂止令刚进入小康水平的我国国民惊讶，就连西方发达国家的高收入者亦大惑不解。美国教育家约翰·史密斯参观了我国一些学校后，回国发表了一篇论文，文章尖锐地指出："中国目前的中小学教育质量依然按算术级数在徘徊，而中国的中小学生对现代生活的奢望与渴求，却是按几何级数在膨胀……”

可是相比之下，我国国民人均收入，特别是许多父母口袋里的钱包并没有跟上这种欲望的膨胀。

“人情消费”闯入小学校园

节假日期间，在一些大小饭店里，一些小学生因各种原因纷纷大摆宴席请客吃饭，并且互赠礼物，由此造成的互相攀比风气着实令人担忧。

一天，记者发现了几个小朋友正围在一起吃饭，每人面前放着一大碗面，长桌中间则放着八九种小菜，一个小胖子正大模大样地招呼：“今天我请客，大家多吃菜！”记者好奇地上前想探个究竟。小胖子告诉记者，因为前几天自己的作文获得了班上第一，小伙伴们就一直嚷着让自己请客，今天趁着假期，向父母要了钱，请大家吃一顿。

目前小学生请客名目繁多。考试得了第一名，在体育比赛中或手工艺课上获奖，或者只是在周末为了放松放松，许多小学生就纷纷效仿成年人的做法，轮流请客吃饭。频繁的请客、回请使一些孩子不堪重负——当然，家境好的孩子让其父母掏钱就可以了；但家庭经济比较拮据的孩子在班上的处境就特别尴尬——不回请不符合“礼尚往来”的礼仪，而小请又拿不出手，大请又难以办到。

另外，除了请客之外，每到一些特殊的节假日，孩子们也要过“人情关”，互相向自己的朋友送礼物，且有互相攀比之势。

“人情消费”进入小学校园，引起了一些教育界人士的担忧。有专家认为，小学生没有经济收入来源，人情消费容易让孩子养成乱花钱、互相攀比的不良消费习惯。同时，这种互相攀比的心态也容易使家境好的孩子模糊了学业为主的观念——如通过比花钱等谋取在班上的荣誉和地位；家境不好的孩子则因为常在攀比中处于劣势，容易导致抑郁、自卑和焦虑等心理问题。所以正确地引导和培养孩子健康、积极的消费方式是一项需要学校、社会、家庭联合起来共同建造的社会系统工程。

符号消费的炫耀

消费本来是缘于物品的实用功能，但后来喜欢以此炫耀的人们便转向追求“品牌”了，于是产生了“符号消费”。后现代主义派学者吉恩·布希亚认为，一切的物品在社会意义上只是一个符号。人们在消费物品的时候其实就是在消费符号。“通过各种物品，每个个体和每个群体都在寻找自己在一种秩序中的位置，始终在尝试着根据一个人的生活轨迹竞争这种秩序。通过各种物品，一种分层化的社会开口说话……为了将每一个人都保持在一个确定的位置里。”在“符号消费”的过程中，消费者除消费产品本身以外，还消费这些产品所象征和代表的意义、心情、美感、档次、情调和气氛，以此表现个性、品位、生活风格、社会地位和社会认同。

青年学生思想活跃，追求个性，渴望被关注，所谓90后乃至21世纪出生的人，成长起来的年代正是中国迅猛发展、物质丰富、选择多元化的时代。因此，他们迫切希望彰显个人的地位和价值。有识之士就特别关注了这种现象并且进行了分析。

随着人们消费水平的提高和全球化的步伐日益加快，我们所生活的环境已经悄悄充斥着商家所布下的一个又一个符号式的诱惑。我们消费的已经不是所谓的物品的实用性，大部分人追求的是消费商品里被包裹着的文化意味。

在大学校园里，越来越多的学生追求商家在广告里宣传的符号价值。商品的全球化带来的西方式的生活方式，让我们的消费观念脱离我们所生活的现实世界，使很多人养成超前消费的习惯。

哈根达斯提倡“尽情尽享，尽善尽美”的生活方式，鼓励人们追求高品质的生活享受。哈根达斯非常注重营造一种氛围，使品尝哈根达斯冰淇淋成为一种难忘的体验，“爱她，就带她去吃哈根达斯”。这样一小勺“冰淇淋中的劳斯莱斯”却能卖上五六十元，请吃哈根达斯成为女孩子让男孩子证明爱情的一种方式。

即使情侣们身上钱不多，可是他们仍旧追逐品牌背后所附加的所谓“文化”的符号。大学生日常消费行为已超越了单纯获取使用价值的目标，而增添了符号消费色彩，他们的消费不再是一种自主性的选择活动，而是凭着自己从商家那儿所接受到的符号感觉走。消费了他们想要的品牌，他们以为自己就是广告中的那种人了。

对于大学生消费群体，不管是男生还是女生，均存在着符号消费的倾向，大学生的符号消费范围越来越广，从吃的到穿的，从用的到住的，从外到内，从内到外，无一不被符号所占据着。他们以为他们表达了自己想要表达的个性。

当消费主义作为一种异化的力量适应了符号消费并进一步使符号消费在全社会蔓延开来时，大学校园里开始出现了越来越多的不合理的消费行为。他们过分追求名牌，同学之间进行自觉或不自觉的攀比，更多人热衷时尚性消费。与此同时，即将步入社会的大学生们的理财意识却越来越薄弱……

在符号消费逻辑的支配下，很少有大学生再将理想主义作为自己的存身之道，大学生逐渐被塑造成为缺乏思想深度、没有价值追求、失去思维主动、丧失批判精神的“单面人”；大学生审美进入了“品牌就是美，与众不同就是高雅”的误区。

作为新时代的大学生们，不能让商家强硬植入的观念先入为主，亦不能人云亦云，而应该摆正自己的消费观，做到理性消费、合理消费。[①]

2.3 消费病是怎样传染的

尚未赚钱的孩子们却学会了乱花钱，这种消费病毒侵蚀着他们抵抗力尚弱的内心。偏偏以“爱”为名的父母们却在病毒的传染上起了推波助澜的作用，事实上起着“害”的作用。

人小钱大“吞世代”

当广大中小学生被伴随着商品经济的发展汹涌而来的消费热潮激起了强烈的消费欲望时，他们还不知道或至少未清醒地意识到他们的国家、他们的父母的真实的经济状况。但他们的父母却应该知道他们的国家、他们的家庭的经济实力。

① 摘自钟秋霞博客：《谈大学校园里的“符号消费”》，2012 年 4 月 15 日，http://zhongqiuxia.blog.ifeng.com。

尽管前面所列举的那些数字说明改革开放以来，国家富了，人民富了，但是这个“富”只是一种相对比较的结果，绝不是富到黄金遍地，人们可以随意满足自己各种物欲的程度。由于经济发展的不平衡，还有不少地方的人们尚未解决温饱问题。就全国来说，2013 年仍有贫困县 592 个。据初步测算，这些县覆盖的贫困人口（人均年纯收入仅为 625 元）占全国的 54%，低收入人口（年人均纯收入为 865 元）占全国人口的 57%。

这些数字对于某些学生来说，仅仅是一两次生日礼物的开销。即使撇开贫困线以下的情况不讲，单就已达小康水平的家庭来说，也并不是每家每户都能从容地面对他们子女日益膨胀的消费欲望。

每一个家庭的收入是有限的，但小孩的消费欲望却是无限的，于是老一辈便尽量压缩自己的开支，用以增加后一辈的消费资金。这就造成了家庭代与代之间的消费比重过分下沉的现象。它表现为这样的公式：老年人 <中青年<少年儿童。或者正如一些人所概括的“人往高处走，钱往低辈用”。

有调查显示，在近八成工薪的三口之家中，孩子的月平均消费竟超过一个大人，追名牌、重样式、崇洋心理、讲排场成为中国儿童超前消费的突出特点，儿童的消费成了越来越多家庭无法承受之重。超“钱”消费的小人儿也因此被称为“吞世代”。

吞世代（Tweens），是 2003 年美国人马丁林·斯特龙在《人小钱大吞世代》一书中提出的概念，是指 8 岁至 14 岁具有消费能力的少年。“吞”是 Tweens 的译音，teens 指青少年。

《人小钱大吞世代》一书通过一个 500 人的团队对 11 个国家的调查，注意到了消费的变化，指出“吞世代”的消费虽然必须依赖父母，但在品牌方面却又有独立的偏好。同时受发达的媒体影响，他们（吞世代）平均一年“吞下”4 万个广告，并控制和影响父母 60% 的决定，他们决定全球每年 3 000 亿美元的消费，并影响 1 万亿美元以上的消费选择。

“吞世代”着装时髦，热衷上网沟通、发手机短信，说全新的语言；他们爱吃快餐，喜欢名牌，喜爱流行音乐；他们有自己的主张，有着超强的消费力。因此，盯着人小钱大的企业看到了父母的弱点，并从无孔不入的广告出发，使“小人们”日益膨胀的开销牵引着市场的消费。

2008年风靡中国的动画片《喜羊羊与灰太狼》，正是有针对性地开发中国儿童市场而创作出的，它针对儿童，带来了很多衍生品。据调查，这部动画片播出以后，由动画片直接产生的衍生品达到了200种，比如QQ游戏产品，针对小孩子的特性设计出那种很有时代感的外套等。

商家的营销策略成功了，但小孩们却“吞”掉了父母们辛苦经营积攒下来的物质财富，实质上也“吞”掉了世世代代传承下来的勤俭持家的好作风。

压岁钱压了什么？

少年儿童消费现象中的一个引人注目的新情况就是从幼儿园到高中的小家伙们都有自己的“小钱柜”。“小钱柜”是中小学生超前消费的主要钱源之一，而“小钱柜”的主要钱源则是压岁钱。

关于压岁钱红包，《新京报》记者在马年春节期间调查了102名市民。结果显示，超过四成的受访者今年共发放了超过1 000元的红包，单个红包里最多放入超过500元的人占了1/4，而红包的流向主要是家族晚辈。往年，一些人趁给小孩“压岁钱”的机会，给官员的小孩大红包，曲线“贿赂”。据《北京晚报》报道，中央“反四风”影响了一些官员孩子的红包收入。父母严禁其子女收受红包，因为收红包家长要被处分。不懂事的孩子却因为压岁钱锐减，趁机要求家长给予补偿。

中国少年儿童十年发展状况研究报告（1999—2010）的调查表明，十年来，我国儿童拥有的个人财富不断增加，城乡儿童之间的“贫富差距”有所缩小，这从儿童压岁钱和个人储蓄两个方面可以反映出来。1999年春节，我国有12.3%的儿童可以获得500元以上的压岁钱，而2005年、2010年，这一数据分别上升到27.2%和44.1%，相对1999年增长了3.5倍。1999年，我国有14.8%的儿童的个人存款达到千元以上，而2005年、2010年，该数据分别上升到39.0%和49.8%，相对1999年增长了3.3倍。

马上有钱！这是广州部分小学生马年春节的写照。南都记者在天河、越秀区的三所小学班级QQ群里发放了问卷，89位家长接受了问卷调查。调查显示，据家长粗略估计，孩子们收到的春节红包总额最低的为1 000元左右，最高的可达2万元。有家长感叹，孩子的红包超过了父母的年终奖。“但是孩子收到的，也间接等于我要发出去的。”一位家长大吐苦水。

在天河区某重点小学的班级QQ群里，46名家长，有39人接受了问卷调查。根据调查所得，记者发现该班39名学生，今年收到的红包总额约12万元人民币，平均每人3 000元左右。家长何女士表示，孩子过年最开心的就是收红包，平时不喜欢串门的孩子，一到过年都特别喜欢跟着大人走亲访友。“但有件事尤其尴尬，正月初一在家门的电梯口碰到一位老爷爷，孩子问好后，老爷爷给了他红包，结果孩子当场拆开红包发现只有10元后，马上很不屑地说，这么少！当时我和老爷爷都非常尴尬。”①

有识之士认为，红包和压岁钱，要回到10元、20元这样的象征意义上，不要比拼厚度，重要的是情谊。在香港，利市就是10元、20元，这并没有影响过节氛围，讨吉利、送祝福的意义一点也没有少。

钱这个东西，挣得艰难用得就节俭，得来容易用得也就随便。一首歌唱道：“是谁发明了钞票？钞票，你在世上逞霸道，有人为你卖儿女，有人为你去坐牢……”且不说这首歌发泄的是一种什么样的情绪，但它却道出了一句真言：金钱会腐蚀人，会诱使人犯罪。

“小钱柜”里轻易增长的三四位数，使得小主人的消费欲望、消费本领也飞速膨胀、增长。而这膨胀了的欲望并不会随着金钱数目的减少而消退，相反却居高不下，它的继续满足是通过向父母不断伸手要钱而实现的。于是一代“现代家庭乞丐”就这样造就出来了。当花惯了钱、享受惯了奢华的现代生活的“小皇帝”们从其父母身上要不到钱时会怎么样呢？很可能会搞邪门歪道，并开始走上违法犯罪的道路。据一些学校反映，学生中因物欲膨胀而偷窃钱财，大同学欺骗、勒索

① 梁艳燕：《一个班39个孩子过年共收12万红包》，《南方都市报》，2014年2月12日。

小同学的现象常有发生。

压岁钱从个位数向百位数的迈进，分量增加了，但也压住了孩子们的健康成长。钱啊，真不该成为阻碍孩子们前进的绊脚石！

经过改革开放三十五年的奋斗，我们国家经济的腾飞令世界瞩目。我们也都为此由衷地高兴。但是同时，我们必须面对富裕之后出现的伦理道德教育问题。在自然经济、产品经济向商品经济转换的过程中，传统的伦理道德观念受到了冲击，它将给家庭社会带来什么影响，我们又应如何削弱这种影响？尽管一部分社会学家、伦理学家、教育家没有先富起来，但他们却率先忧虑到这些问题。他们发现，在一些国家和地区，当社会发展进入富裕阶段之后，青年在长期安逸的环境中成长，会产生个人至上与享乐主义，追求轰动效应，出现人际关系感情淡薄，感性文化色彩浓烈，商业化价值体系流行等行为症结。

这些症结是否也会随着财富的增加而同时涌进我们的社会、家庭？更让人忧虑的是，我们许多家长有富起来的强烈愿望却缺乏富裕之后如何教育子女的心理准备。“我们花得起”，这是那些出手阔绰的家长们在毫不犹豫地为小孩购买价值动辄数百元的物品或一掷千金为子女举办生日盛宴或大把大把塞给子女压岁钱时溜出嘴边的口头禅。可是，这仅仅是家庭经济账本上花得起与花不起的简单算术么？

国外有这样一个幽默故事：

“宝贝，干嘛愁眉苦脸？”母亲问儿子。

“老师今天对我很不满意，因为我不知道加拿大在哪里。”

“你老是这样子，什么都忘记！”母亲大声地说，“你细心想想，到底把它放在哪里？如果找不着，妈有的是钱，给你买！”

看来母亲很有钱，也喜欢挥霍，但结果挥霍掉的不只是金钱，还有儿子的知识、智慧以及为人之本的勤奋。

故事的结论是：最贫穷的家庭是那些只把金钱作为财富的家庭，因为金钱是买不到知识的。

我们的推论是：金钱不但买不到知识，更买不到道德、人格等人生更为宝贵的东西，甚至会倒过来葬送掉这些宝贵的东西。

过于充裕、消费无度的物质环境难以培养出社会有用之才，相反，它很可能造就的是社会的不肖之徒、家庭的不孝之子。在国外，一些富豪很少给孩子零花钱，总是让他们自己打零工挣零花钱，其道理尽在其中。

尽管有的父母花得起上百上千，甚至上万元钱，但是他们花得起一个健全的人格、一个美好的心灵所蕴含的巨大的社会价值吗？

有个美国小孩问他爸爸："我们很有钱吗？"爸爸回答他："我有钱，你没有。"所以美国小孩从小就会自己努力，等继承了父辈祖业，也会如此传承，几代过去，就成就了百年家业。

有个中国小孩问他爸爸："我们很有钱吗？"爸爸回答他："我家有很多钱，等我死了，这些钱将来都是你的了。"所以，中国富人的小孩从小就被娇惯坏了，爹还没死，他们就开始大把花钱，整日无所事事。等到他们接手了父辈产业，很快就挥霍殆尽。所以，就有了"富不过三代"的现象。

可怜天下父母心

网上曾有一篇被热议的文章，该文章的作者是一个美国人，其在新东方学校任教时从一个外国人的角度分析了中国父母为子女所做的一切。

我来到中国之后，所见所闻更让我对中国父母的牺牲精神惊叹不已。有个朋友刚买了新房正在装修，我问他打算怎么处理旧房，他毫不犹豫地说："留给儿子！"我瞠目结舌地看着他那年仅3岁的小宝贝，心想：天哪，他什么时候才会用到啊！

美国的孩子年满18岁后就会迫不及待地想要离开父母，对他们来说，离开父母单独居住是证明他已经独立的最重要的标志。我结婚的时候，我和我的新娘从父母那里得到的礼物除了30元钱，就只有一句关于婚姻的忠告：一对愿意向对方说"我爱你"、"对不起"和"请原谅"的夫妻将会白头偕老。

在中国时，我的一位同事有一段时间兴奋不已，这不光因为他即将踏上红地毯，更因为他的父亲将为他的新房买单。据我所知，他的父亲并不是一位腰缠万贯的大富翁，新房对老人来说是一笔极大的开支。

中国的许多父母都是如此省吃俭用，把所有的钱都存下来替儿女交学费、找工作、买房结婚、照顾孙子等等。实际上，年老的父母有权享受更好的生活，他们更应该把钱用于健康和养老。

我对中国父母为孩子所做的一切表示万分尊敬，这样的美德在西方国家是极受敬重的。但我仍禁不住要想，如果孩子并不需要，那他们这么做是否值得呢？

这种差异造成的困惑，其实是中外父母的“心”不同。“心”的不同造成中国父母的“可怜”。

中国的家长心太软，而对子女的乞求，最终还是自愿或不自愿地满足了其子女即使不合理的需求。中国家长们是怎样想的？分析一下他们的心态也许是有益的。

家长心态之一：孩子寒酸显得父母无用，不管条件如何，这个面子总得撑住。正如一位家长所说：“反正得想方设法满足他们的要求。我没有脸对孩子说：咱们买不起。我不愿让孩子觉得他的父母是个窝囊废！”一方面是孩子在学校里与小伙伴攀比，另一方面是父母与别的家庭攀比。谁都希望自己的孩子比别家孩子穿得更光鲜、玩得更愉快。孩子的攀比触发了父母的攀比，父母的攀比又鼓动了孩子的攀比。两代人都在为了争一个面子，而他们却极少仔细考虑过这面子得花费多少钱财上和精神上的代价。

家长心态之二：补偿自己失去的童年，希望孩子的今天比自己的昨天过得更好。现在的家长，特别是爷爷奶奶，可能经历过艰难的生活，当生活好了，便想方设法让自己童年的梦在孩子的身上实现。他们以为把大量的钱财倾注到孩子的物质需求上，梦想就会实现。可是，幸福和健康的成长是单纯靠钱财换得来的么？

家长心态之三：不愿意无限满足孩子的欲望，但迫于无奈最后还是迁就了孩子的需求。这种无奈或者是迫于小孩出走、打闹等方式的要挟，或者是担心孩子靠邪门歪道去弄钱而作出的选择。一位家长说：

"看来，凡是孩子想要的，你就得乖乖掏钱，总比让他去搞邪门歪道强呀!"这种迁就尽管能求得家庭一时的安宁，但它助长起来的物欲以及暴露在孩子面前的父母的软弱却可能为日后的家庭危机埋下更深的祸根。

欧洲的许多孩子们，从八九岁起就懂得了如何精打细算地支配自己有限的零花钱，因为父母在给零花钱方面是绝不会迁就他们的。同时，学校从小学起就开设了专门课程，教孩子了解成年人的各种职业、什么是劳动报酬、如何区别各种商品及其价格的确定等。同时引导儿童理解媒体、广告和消费者之间的关系，让他们了解广告对消费者的行为影响。

这样，孩子们在买东西前就会再三权衡自己最需要什么，由此学会选择并意识到自己不可能拥有所有喜欢的东西。而这些生活常识与原则，才是伴随他们一生成长的东西。

什么时候我们才能够摆脱只有近忧没有远虑的狭隘视野！什么时候我们才能够克服只算经济账不算心灵账的狭隘意识!

2.4 呼唤勤劳俭朴的美德

勤劳俭朴好像在鼓励"内需"的口号下变成该被丢弃的传统了！果真如此吗？事实上，它们并不矛盾，衡量的标准在于应不应该上。勤劳什么时候都必要，当然俭朴也不会抛弃扩大内需中的"需"。

传家宝丢弃了吗?

一个青年汉子背着装有大笔公款的挎包在小城的街道上走着。他是进城为乡亲们买稻种的。为节省每一分钱，他舍不得住最便宜的2角钱一夜的客栈，而挤在小火车站里过夜；他舍不得进饭店吃点热饭热菜，而只是买两碗5分钱一碗的面汤，啃吃着从家里带出的又冷又硬的干粮（如果按照收入比较，20世纪50年代的一分钱大概相当于现在的一元钱)。

这是20世纪60年代中学语文中的一课，题目为《梁生宝买稻种》，它生动地刻画了一位农民所代表的中国人民勤劳俭朴、吃苦耐劳的形象。课文引自我国著名作家柳青于20世纪50年代创作的长篇小说《创业史》。小说的开篇扉页写道："创业难……"正是凭着小说主人公的这种奋斗精神，我们国家才创造了今天的财富。但不知从什么时候开始，我们通过教材、文艺作品对后一代进行艰苦奋斗传统教育的意识却淡薄了，传家宝也被丢弃了。在现今许多孩子们的心里，前辈创业的艰辛、后辈接班的责任、民族传统的美德、国家振兴的根本也逐渐淡化，仅留下一片可怕的苍白。

20世纪五六十年代的儿童没钱消费也没有地方消费，但对于自制的陀螺、滚铁环等也玩得乐此不疲；70年代的儿童有了零食，有了小人书，也有了电视电影，玩具多了，自制的少了；80年代的儿童不缺物质也不缺玩具，他们有了洋娃娃，有了游戏机，也有了刚兴起的各种兴趣班。他们远离了自制，但也少了自己动手的机会和天然的乐趣。90年代后的小孩享受到了许多舶来的玩具，更不会也没有机会自制什么了。

21世纪的孩子们就更"阔绰"了，"勤劳俭朴"这些前辈赖以生存的优秀品质对他们来说好像成了遥远的历史名词。当今的中小学生的爷爷奶奶大多是20世纪50年代的人，其父母也大多是20世纪六七十年代的人，他们是在共和国最艰难的岁月里长大的。从学校课堂到家庭生活的实践，他们都受到生动的艰苦朴素的教育。"勤俭是咱们的传家宝，社会主义建设离不了。不管是一斤钢一粒米，一寸布一分钱都要用得巧。好钢要用在刀刃上，千日打柴不能一日烧"，这歌声曾经是那样深深地打动着他们，鼓舞着他们去拾稻穗，收集废钢铁，节省每一分钱。一晃三四十年过去了，家长们送走了艰苦的岁月，迎来了富裕而多彩的生活，然而有相当一部分人认为俭朴只能与艰苦为伍而与富裕无缘，因而也就开始对那"一个铜板掰成八个花"的中华民族节俭、朴素、勤劳的传统美德说"拜拜"。孩子们对俭朴的不屑一顾其实也是家长这种"勤俭过时论"心态的反映。

可能没有任何一种传统观念能比"望子成龙"更深地扎根在现代父母的心里，可是为了教子成龙而被历代文人学者总结出来的各种家训之精华却不为许多现代父母所接受，这不能不说是一种令人深思的现象。流传至今的砸缸救人故事的主人公、宋代伟大的史学家司马光曾写过《温公家范》——这一反映家庭教育的伦理学著作。他在书中说“贤而多财，财损其志；愚而多财，则益其过”，认为钱财对教育子女有害无益。他主张应“遗子孙以德以礼”、“遗子孙以廉以俭”，给子孙留下的最好遗产是优良的品德、俭朴的家风。这倡导的中华民族传统美德的千年古训在极“左”路线横行的年代曾被看作封建糟粕而遭受批判，造成了严重的后果，这个教训不能不汲取。今天，当它被一些人误作为与现代观念相对立的陈旧观念而被抛弃时，我们应该警醒，不应再糊涂，不能任由其演变成新的时代过失。

富翁的“吝啬”

一些现代人消费心态的又一种矛盾现象是他们一方面盲目追崇西方的消费文化，另一方面却死抱着依赖父母，靠祖宗遗产吃饭的传统观念不放。于是就有了整天向家长伸手要钱要物的“现代家庭乞丐”。

事实上，在欧美等较富裕的国家，子女年满18岁以后都要自己赚钱谋生，去体会生活的艰辛。他们这时都以经济上仍依赖父母为耻。因而即使还在上学，也要半工半读或靠假期打工赚钱，积攒学费和生活费。许多有识之士对自己未成年的孩子也是严格控制其消费开支，即使他们是百万富翁。

美国石油大王洛克菲勒家族二世拥有4.5亿美元财产。而小洛克菲勒在上大学的时候，却过的是贫穷的生活。他的贫穷是其父亲有意为之，于是他经常自己烫裤子，自己缝纽扣，他也不抽烟，不喝酒，不随便到剧院去看电影，和他爸爸一样，把每一笔开支都记在小本子上。成年后，他对自己的孩子也同样的“吝啬”。

到孩子们7岁时，小洛克菲勒就开始向他们灌输“金钱”这一主题。每周每人3角钱的津贴，要求他们既要花，又要节省，还要施舍。并且每个孩子在领到津贴的同时，还领到一个小账本，要求他们在这上面记载每一分钱的用途和时间，每笔开支都要有理由。每到周末检查时，发现谁漏记一笔账，就得罚5分钱，记录无误的便可得到5分钱的奖金。

他的孩子们发现，仅仅靠父母拿不到太多的钱，唯一的办法是靠劳动去挣：如拍死100只苍蝇可得1角钱，捉住1只老鼠得5分钱，背柴火、垛柴火或锄地、拔草都能挣到钱。三儿子劳伦斯7岁、二儿子纳尔逊9岁时，取得了擦全家皮鞋的特许权。他俩清晨6时起床就开始擦皮鞋，皮鞋每双5分，长筒靴每双1角。小洛克菲勒说："我要他们懂得金钱的价值，不要糟蹋它，不要乱花乱用，要把钱花在益处。"每周只有很少的津贴，就是让他们经常处于经济压力之下。

后来，小洛克菲勒有个孩子写的博士论文题目便是《未经利用的资源与经济浪费》，其中写道："我们从幼年时代开始，就被教育不要剩食物在餐盘里，不允许在无人之时让电灯亮着，也不许我们不考虑就乱花钱，因为这都是浪费……"

洛克菲勒三世后来在美国《读者文摘》上发表了一篇文章——《更简单生活法则》，他说："就个人而言，人们逐渐发现一种更为简单的生活方式能比无节制的购买提供更大的满意度。事实上，砍柴和健身锻炼一样能使人精神放松。"最终，"浪费总是可耻的"作为洛克菲勒的家族名言而代代相传。

对照这位石油大王的家教，我们的一些家长有什么理由说"我们花得起"？

有个小伙子大学毕业回家对父亲说，许多同学都收到父亲送的礼物，有的是时装，有的是名贵金饰，有的甚至是轿车。父亲把手伸进口袋，取出一枚硬币，塞进儿子的手里作为礼物，并诚恳地说："亲爱的孩子，用这枚硬币买张报纸，翻开广告栏，自己找份工作，到这个世界去闯一闯，它现在已经属于你了。"儿子拥抱着父亲说："爸爸，谢谢您。"

靠一首《爱的奉献》唱红了全国，再以《亚洲雄风》唱红了半个世界的歌坛歌星韦唯，2007年带着3个儿子从瑞典回到了国内。

当晚，儿子赛赛问韦唯："妈妈，我们是不是太穷了？"韦唯诧异："在你心中我们生活一直很贫困吗？"赛赛对妈妈说出自己的想法。原来，在回北京前，韦唯和3个儿子住在斯德哥尔摩一处面积较小的公寓里，为了让孩子从小养成自立的习惯，她让孩子们向当地小朋友学习，捡瓶子去超市的自动回收机上换取零用钱，结果却给儿子造成了家里很贫困的感觉。韦唯意识到这是一个家教的好时机，她认真地说："那不是因为我们贫困得活不下去了，捡瓶子回收，是很好的事啊！中国也一样，妈妈小时候在内蒙古捡过煤渣，把煤渣拿回家后可以继续烧火使用。妈妈想让你们知道，钱不是理所当然由父母和政府给的，钱应该是自己劳动所得。"

他（她）们采用的这种种方法、措施表现出"吝啬"的目的都是一个：杜绝出现败家子！

"光盘"行动超越时空

现在的爷爷奶奶辈是唱着、听着《听妈妈讲那过去的事情》长大的，它是一首歌，同时也是当时流行的教育方式。那时流行着列宁说过的一句话："忘记过去就意味着背叛"，所以忆苦思甜常用于青少年集中的学校，以及后来知青下乡的地方。我们可以批判曾经的极"左"，但如果不知道过去的苦，也确实不知道现在的甜。

现在的爸爸妈妈没经历过战争年代，当然不会去说枪林弹雨的故事。但如果他们经历过"闭关锁国"时期的艰辛岁月，那肯定会明白"钱"的不易。如果是说"钱"的不易，那种俭朴的美德其实是不管穷与富、中与外、古与今都存在的精神财富。

今天我们口袋里有钱，可以在饭店里点满一大桌美味佳肴请客吃饭，大人爽快小孩高兴。可是当主人、客人用完餐离开后，桌上剩下大堆未吃完而剩下的菜肴，不仅辛苦了服务员，更使俭朴的精神被"大手大脚"糟蹋掉了。

今天，中国的游客带着许多钱环游世界：欧洲、美洲、大洋洲、非洲……令人反思的是，中国游客在把钱撒向世界的同时，还留下了什么？

一次，德国某餐馆来了一些中国顾客。高兴地品尝了当地的美食并结过账之后，中国顾客满意地离开。正当他们走到门口之际，有人叫住了他们。旁边席上几个白人老太太正在和饭店老板叽里呱啦说着什么，好像是针对这些中国顾客。

看到中国顾客都围过来了，老太太改说英文，他们就都能听懂了，她在说中国顾客剩的菜太多，太浪费了。中国顾客觉得好笑，认为老太太多管闲事！其中一人说："我们花钱吃饭买单，剩多少，关你老太太什么事？"听到这话，老太太更生气了，立马掏出手机，拨打着什么电话。一会儿，一个穿制服的人开车来了，称是社会保障机构的工作人员。问完情况后，这位工作人员居然拿出罚单，开出50马克的罚款。这下中国顾客都不说话了，只好拿出50马克，并一再说："对不起！"这位工作人员收下马克，郑重地说："需要吃多少，就点多少！钱是你自己的，但资源是全社会的。世界上有很多人还缺少资源，你们不能够也没有理由浪费！"中国顾客脸都红了。

回去后，大家把罚单复印了并分给每人一张做纪念，他们都愿意接受并决心保存着。还有人把自己的一张贴在家里的墙壁上，以便时常提醒自己：钱是你自己的，但资源是大家的！

张贴的罚单提醒的不只是当事人，更有他们的子女，乃至国人。及时到来的"光盘"行动——浪费可耻，开始把节俭之风吹向四面八方。它正以"望子成龙"式的期盼，呼唤着勤劳俭朴的传统美德的回归。无论是从强国还是从富家考虑，我们更需要的是能吃苦耐劳、勤俭节约、奉献多于索取的青少年一代。

3 少年早恋的惊愕

根据大自然的规律，万事万物都有其运行发展的轨迹。植物的发芽、生长、开花、结果、枯萎，动物的出生发育、交配、繁殖、衰老、死亡，都严格按照其基因里早已设定好了的程序运行。

聪明的人类为了从自然界攫取更多的财富，想方设法缩短作物的生长周期，人为地加快畜类生长发育的速度。但人类从来没有想要把自己生命的运行提速。

然而，终于有一天，人们发现当今儿童的生理成熟比原来的时间提前了。有的称之为"早熟前倾化"，它带给人们的不再是喜悦，而是惊愕。

3.1 可怕的"热"浪

人们曾经爱用"热浪"来比喻盼望到来的某种"高潮"，如绿化的热浪、改革的热浪。但有些"热"的浪头就令人害怕了，"早熟前倾化"就是令人害怕的一种。

变热了的地球

夏日炎炎，当我们在空调室或电风扇的凉风下喝着冰冻饮料、享受着现代物质成果带来的清爽时，经常会被一些不祥的新闻或信息搞乱惬意的心境：长期的干旱不断地困扰着世界一些国家和地区，造成大量的难民，某月某日某地，热浪又夺走了千百人的生命，这时候我们不能不感受到阵阵热浪仿佛在向我们袭来。我们所居住的这一星球怎么会突然变得莫名其妙地酷热起来了？

地球确实在变热！敏感的环境学家最先发出这一警告。据联合国政府气候变化专门委员会（IPCC）提供的数据称，1901 年到 2000 年的增温幅度为 0.6℃ ±0.2℃，但由于最近变暖趋势的增强，1906 年到 2005 年的增温幅度高达 0.74 ℃ ±0.18℃，而 1956 年到 2005 年为 0.65℃ ±0.15℃，这也表明 20 世纪的气候变暖主要发生在后 50 年。

专家们分析：近百年来，大气中二氧化碳含量增加了 15%。越来越厚的二氧化碳像玻璃罩一样拦截着地球的热辐射，导致了地球表面温度升高，形成了“温室效应”。这种效应将加快地球上的冰川冰层融化，使海平面升高，还可能引起世界天气和气候反常，使一些地区旱情加剧，沙漠化进程加快。

“早熟前倾化”

也许有人会自然地联想到热带地区作物的早熟。比如海南岛种植的水稻就一年三熟，人也早熟。据说某些热带国家，人们十二三岁就结婚生子。那么，变热了的地球是否也将造成人的早熟？迄今尚未发现有人在统计地球温度的变化与人的成熟速度之间的相互关系，但是不容置辩的事实是，近半个世纪来，人的生理成熟确实大大提前了，出现了世界性的“早熟前倾化”。

根据统计，20 世纪欧洲各国女孩的月经初潮比 19 世纪提前了 3 ~ 4 岁。美国在五十年中提前了 3 岁，现在女孩的月经初期是 12 ~ 13 岁，苏联也是这样。男孩的性发育则提前了 2 岁。据上海市统计，1964—1985 年这 20 年间，女孩月经初潮提前了 13.35 个月，男孩的生长发育也提前了 12.5 个月。

2013 年，有关专家的一份调查报告揭示，近十年来，我国城乡男女青少年各年龄段的身高、体重水平全面提高，进入了以青春期生长突增提前为主要表现的生长发育长期化的阶段，这意味着青少年性发育提前了。近三四十年来，我国青少年的生长期不断提前，青少年性发育比 20 世纪五六十年代平均提前了一年。

2013 年，深圳市各区体育局对部分中小学的青少年进行测试和调查，结果令人吃惊：深圳市青少年早熟趋势明显，发育提前的青少年达35.6%，其中罗湖区有53%的青少年存在明显的早熟现象。

中华儿科学会从2003年开始，开展了针对包括广州在内的中国九个省会城市40 000多名中小学生的生长发育情况的专项调查，结果显示，中国女孩青春期发育的平均年龄，普遍由30年前的12.5岁提前到9.2岁，这就意味着女孩发育提早了3.3年。数据的冷酷无情使人们终于在“热”的面前冷静思考了。

性意识的提前觉醒

也许生理成熟的悄悄提前并没有立刻引起人们过多的注意，但是它所引起的少男少女性意识的提前觉醒和青春期的过早骚动却很快使人们意识到这不是简单的生理问题，而是更为复杂的社会心理问题。历代家长从来没有像现代家长这样担心处于豆蔻年华的子女在性问题上“触电”；社会也从来没有像今天这样热烈地公开讨论着青春期性教育问题。一时间，作家们的笔纷纷对准了这一敏感的话题。的确，当今一系列在以往学生时代几乎是极其罕见的事情如今却成了司空见惯的正常现象，这不能不使人忧虑、思考。

某大城市师大附中，一个年级200人，大约有一半以上的人不是出双入对的朋友关系，就是相互间认了阿哥阿妹阿姐阿弟，剩下的“单干户”反倒有一种“不受赏识”的压力。

某市少年儿童活动中心为帮助少男少女解脱各种心中的烦恼而专设了“心声”热线电话。所接到的电话约有1/4是关于交异性朋友带来的烦恼。

某市的一所中学，同学间自发地开展了“找知心朋友”活动，说白了就是“找异性朋友活动”。这种交异性朋友的浪潮还有向低龄蔓延的趋势。某小学五年级的女孩子纷纷被男同学邀请去饮茶，而且被邀者还感到很光荣，她们还互相约定不准把此事告诉家长。

当然，这种交异性朋友多是出于一种朦胧的异性间的相互吸引，还不能定义为早恋。但是也有相当部分学生开始突破这一真挚朦胧的情感而明确地追求所爱的对象了。早恋以更加激烈的方式困扰着他们还很稚嫩脆弱的情感。某特区城市曾作过调查统计，有10%的学生赞成中学生谈恋爱，有50%的学生表示不反对中学生恋爱；有20%的学生承认已在谈恋爱（承认并不等于是真的）；超过60%的学生声称自己有异性朋友。这些数字不能不引起当今家长们的忧虑。

某高一女学生反映，她们女同学曾议论过“什么样的男人以后不能选择当丈夫，只能当情人”等话题。一位家长曾听到自己读高二的女儿在与同学议论影视节目中有明显道德缺陷的行为时说：“这在西方不算什么！”这些现象又不能不令当今家长感到担忧了。

有不少中学生在日记本上记录自己对异性表示爱慕。某女生在日记中写道：“得不到你的爱，我是多么孤独！多么痛苦！”某班班长同时接到几个女同学的求爱信，令其想入非非，不能自拔。一女生在信中写道：“我爱你！你爱的是谁？请在我们几个人之中迅速作出选择。”有个男生为追求一女同学，咬破手指写下“我要为你而死，为你而生”的求爱血书。这种要死要活的情感纠缠简直不亚于莎士比亚笔下的男女主人公。

当这种由于幻想与现实，性心理需要与法律伦理约束之间的矛盾所造成的心理冲突得不到适当的解决时，就造成了病态心理或越轨行为——有的因想入非非、不能自已而造成神经衰弱；有的因抵挡不了诱惑偷食禁果而酿成了终生的悔恨；有的甚至为此触犯刑律而受到应有的惩罚。

在我们这个具有传统的道德风范的国家里，这类曾被我们深恶痛绝的东西今天竟有点大大方方地进入了我们称之为圣洁的知识殿堂的校园，这不能不使现代家长们提心吊胆。我们不能简单地用“世风日下”一词来掩盖自己在教育子女上的失误和无能。面对着这一个有如潮水般袭来的问题，我们只有思考思考再思考。

3.2　对“热源”的探寻

究竟是什么原因使得当今的少男少女在两性问题上表现出比以往年代的同龄人身上从未有过的热度？理智的思考当然不会把变热了的地球作为分析的对象。少男少女早恋作为一种社会现象，其“热源”还真值得家长、教育者，乃至各领域的学者去探究一番，以图对策。

“物质”的丰富

首先，我们不能不从人类社会自身去寻找原因。许多学者认为，社会物质生产的发展使人类物质生活水平不断提高，营养水平不断提高，这是生理发育成熟提前的原因之一。

仅就我国来说，现在比起20世纪50年代初，人们的营养水平成倍提高。根据国家统计资料，我国每年人均主要食品消费量，1952年和1988年的数字分别是（单位为500克，第一个数字为1952年量，第二个数字为1988年量）：粮食—395.34，498.16；猪肉—4.19，11.88；鲜蛋—2.04，11.62；食糖—1.82，12.5；家禽—0.86，3.50。1985年以后的比较见下表。

中国城乡居民家庭人均食品消费量比较表 单位：公斤/人

年份	粮食		蔬菜		食油		猪牛羊肉		家禽		水产	
	城	乡	城	乡	城	乡	城	乡	城	乡	城	乡
1985	134.8	257.0	144.4	131.1	5.8	4.0	18.7	11.0	3.2	1.0	7.1	1.6
1995	97.0	260.1	118.6	104.6	7.6	5.8	19.7	11.3	4.0	1.8	9.2	3.4
2000	82.3	249.5	114.7	112.0	8.2	7.1	20.1	14.6	7.4	2.9	11.7	3.9
2005	77.0	208.8	118.6	102.3	9.3	6.0	23.9	17.1	9.0	3.7	12.6	4.9
2010	81.5	181.4	116.1	93.3	8.8	6.3	24.5	15.8	10.2	4.2	15.2	5.2

数据来源：《世界农业》，2012年第7期。

从上表中可以看出，中国城乡居民家庭消费的食品，随着时间的推移，除了在数量上的增长外，在质量上也有飞速的发展。所谓质量的增长，就是除了粮食和蔬菜之外的食用油和鱼、肉类数量的增长。

当电视广告以白白胖胖的儿童的形象作为画面宣扬其产品的价值时，减肥运动也已开始从成人世界悄悄地进入儿童世界了。医学专家也开始向家长们发出警告：给儿童滥服人参、蜂王浆之类的滋补药品会引起儿童的性早熟。据有关部门统计分析，城市服用补品的儿童占大部分，由补品补药引起的假性早熟约占儿童的25%。同时，丰富的饮食生活和过高的营养水平为“早熟前倾化”提供了适宜的物质条件。丰富的物质也把促进儿童早熟的激素带进儿童的体内。

近年来，国外有大量的文献资料表明，洗涤剂、农药、塑料等工业原料及其降解物大量地排放，造成了一系列的自然界类激素环境污染。而且这些污染物多达七十种。它们在自然界中降解到一定程度后，某些元素被发现具有雌激素样的活性，称为“环境雌激素”。它们在自然界的浓度虽低，但是相互间的联合作用甚强。如果通过某些途径，如污染的水源、食物或经皮肤吸收，被儿童摄入体内后，可产生干扰机体内分泌系统的作用，使得儿童出现假性甚至真性性早熟。

此外，还有各种保健品、滋补品争相上市，其适用对象应为成人，但不少家长错误地将其作为健康投资，给年幼的儿童长期服用。例如含有蜂王浆、花粉、鸡胚、蚕蛹等制剂中存在较多的性激素，若长期大量服用，可引起血液中性激素水平上升，从而导致儿童的性早熟。

社会心理的变迁

但是仅把丰富的物质作为早熟的唯一原因则是片面的。专家们认为，社会环境的影响是“早熟”的另一重要原因。

近半个世纪以来，随着科学技术水平的迅猛发展，大众传播媒介插上了现代化的翅膀，其在影响人们的精神生活方面发挥了日益巨大的作用。各种报纸杂志、广播电视、音像制品、网络信息，使人们足不出户便能获取各种各样的信息，领略不同国家民族的风俗文化。这其中有许多精华，但也不乏糟粕。有的本来是精华，但由于接受者的理解能力、鉴赏能力所限，以致更多得到的是负面的影响。这主要反映在各种文艺作品中关于性爱的描写。

爱情本是人类崇高的情感，千百年来一直为人们所讴歌、向往和追求。各民族各时代的名著几乎都不乏男女情爱的描写。恩格斯曾说：“性爱在最近八百年间获得了这样的意义和地位，竟成了这个时期中一切诗歌必须环绕它旋转的轴心了。”但是，当资本把一切都烙上商品的印记时，商品化了的文化便日益突出其中的性而削弱了其中的爱。在现代社会，以满足低级的感官需要为目的的成人文化成为文化环境中不可或缺的方面，使得青少年儿童过早地跨进了他们还不应该进入的成人领地。

在国际各种合作交流日益频繁的今天，国界对于意识形态、思想观点、文化风俗已越来越失去其意义。这使得我们民族的传统道德和审美意识受到了严重的挑战。“拳头加枕头”的文化“味精”，使我们的文化市场对于情爱主题表现出了过分的青睐。男女接吻拥抱睡觉的镜头也成了某些影视作品必不可少的作料之笔；大美人的头像印在挂历、杂志封面和商品包装上以及各种大幅宣传广告上到处宣传。虽然推崇爱情、注重娱乐性、消遣性的文化（被称为“蓝色文化”）给人以宁静、舒适的感觉，能使人们在工作学习之后紧张的神经得到轻松。但是由于它把恋爱婚姻作为其中的主要内容，故也易使青少年学生的想象力偏离学习而投入于恋爱之中。

对青少年产生毒害性影响最为严重的是黄色文化。通过不法途径辗转流入国内的境外黄色录像、黄色书画，以及境内不法之徒为牟取暴利而印行的各种充满淫秽画面的地下书刊与社会上存在的卖淫嫖娼场所及活动，都汇成了黄色文化浊流。黄色文化的毒害以及蓝色文化的负面影响，都有可能使我们年幼的孩子过早地接触成人世界的秘密，从而加快性意识的萌发。

丰富的物质生活环境推动的生理上的迅速发育和复杂的文化生活环境激发的性意识的萌发相互联系，互相影响，从而引发了“早熟前倾化”现象。

3.3 难以捉摸的“性”

两性问题，实在难以捉摸，它既可以引起人们对幸福向往的激情，又能使人们产生负罪肮脏的感觉；它既会使人奋发向上，也会使人沉沦；它既为人类所赞颂，也为人类所诅咒。也许正是这一情感的两面性、复杂性，才激起了人们强烈的好奇心。

生理与心理的成长矛盾

《圣经》所描写的上帝造出的世界上第一对人——亚当和夏娃，他们受蛇的诱惑偷吃了伊甸园中的智慧果后便开始认识了彼此的性别差异，也因此两人受到了上帝的惩罚。于是便有了人生来就有罪错的原罪说，于是性也就蒙上了“罪过”的色彩。许多宗教认为，人要脱离苦海、摆脱罪孽、改过自新、超凡脱俗，就要清心寡欲、与性隔绝。显然这种不顾人的生理心理发展规律的性态度是非科学的。

我们民族的文化在对性的问题上有较多的禁忌。这些禁忌一方面形成了我们民族对性问题的严谨态度，但另一方面也束缚着我们把性作为一种现象去了解。在相当长的一段时间里，我们的社会“谈性色变”，在性问题上所设立的人为禁区使得我们当今许多父母在诸如青春期生理发育、性心理发展等性知识方面还很匮乏或在子女面前羞于言传。这也就使得他们缺少赖以理解其正在发育中的子女的必要的基础知识（当然现今想补回这一课仍是“亡羊补牢”为时未晚）。

每逢春节，父母总是祝愿子女“快长高长大”。父母总是关注子女身高体重的增长，不时给他们量一下、称一下。但是他们往往忽视了这长高长大后面所隐藏着的子女性意识的发展。性意识是指人对两性问题的领悟及对异性产生的好奇心和特殊好感。性意识是随着性生理的发育成熟而自然产生发展的。

小学低年级及以前的男女儿童对性问题处于无知状态。虽然他们知道男女外生殖器官不同、衣着服饰不同等性现象，但他们不理解其内在意义。他们一起玩耍，也可能玩模仿成人世界的“娶新娘”之类的游戏，但丝毫不带有性的心理色彩。

小学进入高年级以后，直到女孩12岁，男孩13、14岁前，男女儿童对性问题还处于一知半解的状态。他们的生殖器官得到初步发育，部分生殖器官受到刺激（衣服的摩擦、触摸等），能产生一定的快感。在外界性现象（如男女亲近、恋爱、拥抱、结婚等）的作用下，通过思维活动，对性问题有了朦胧的认识。这一时期，男女儿童内心有一种愿意彼此接近的倾向。

有媒体报道，据2005年国内五城市未成年人发展基金会联合调查显示，在性发育方面，女生性成熟的平均年龄在12~13周岁之间，男生性成熟的平均年龄在13~14周岁之间。女生性成熟的平均年龄为12.7周岁，男生性成熟的平均年龄为13.3周岁。不同城市青少年的性成熟时间有很大差异。杭州市2009年的调查则发现，青少年的性成熟年龄已经提前到12岁，这个数字在三年前是14岁。

不管年龄如何提前和变化，女孩十二三岁至十六七岁，男孩十三四岁至十八九岁，生理上已初步达到性成熟。他们对性问题有了较多的了解，产生了清晰的性意识。他们对异性对象会产生爱慕之情。但由于伦理道德的制约以及各种条件的限制，他们的性心理和意识多停留于内心并通过多种方式间接地反映出来。例如喜欢与异性交流交往，喜欢在异性同学面前表现自己，引起对方的注意。这时在生理因素的作用下，他们还会在梦境中出现男女两性之事。据一些研究人员的调查，男同学有26.1%、女同学有8.62%承认出现过两性关系的梦境。初次性梦幻的高峰年龄，男孩是14岁，女孩在13~15岁。这一时期正是中学阶段，我们每一位家长都经历过这样的心理变化。只不过当年“性问题”是人为设置的禁区。我们没有机会很好地把它作为正常知识来认识。所以尽管也有过类似的经历，但没有形成经验，也就无法以此去认识、理解我们的子女。

“感情饥饿”的慰藉

中学生时期是由少年到青年、从幼稚向成熟转变的重要时期。这一时期，由于一系列的矛盾，其中包括性成熟与性生理知识、性道德知识的薄弱所造成的矛盾，心理上的独立性与生活上的依赖性所造成的矛盾，兴趣的丰富多样与学习任务的繁重单调的矛盾，对未来的美好憧憬与不尽如人意的现实生活的矛盾，这些矛盾造成了中学生情感的困惑：既有冒险的冲动，又有莫名的惆怅；既有对爱与友谊的呼唤，又有无法排解的孤独；既有创造、成功、竞争的兴奋与激动，又有难以解脱的烦恼与苦闷。它们以冲突的形式共存，使得当今中学生处于“感情饥饿”之中，从而特别渴望寻求情感上的慰藉。

喜欢阅读的学生从言情小说中找到了这种情感慰藉的渠道。言情小说中所特有的缠绵悱恻、浪漫曲折的爱情故事，契合了中学生身心发展的特点，满足了情感交流的需要。20世纪80年代开始为大陆人熟知的台湾作家琼瑶，写尽了天下无数怀春男女“剪不断理还乱”的情怀，深深地挑动着情窦初开的少男少女的心，并以曲折多变的恋爱故事情节、俊美飘逸的人物形象、幽雅宜人的恋爱环境的描写俘虏了大量的中学生读者。而言情小说又反过来催发了少年读者的性幻想、性追求。

现今中小学生受哪些言情小说的影响较大呢？

2007年4月23日第12个“世界读书日”，有记者调查了中小学生的阅读情况。有家长忧心：“咋办嘛！我女儿中了‘言情毒’，每天晚上看小说都要到次日凌晨两三点，不看完不睡觉。”成都市民陈女士告诉记者，自己女儿才上小学五年级，却中了“言情毒”，课外阅读时间基本上都消耗在了少男少女的朦胧爱情中，陈女士很是忧虑。记者昨日在成都某小学五、六年级的学生中调查发现，《火星少女》、《我的灵魂在古代》、《恶龙王子就是我》等讲述少男少女朦胧爱情故事的小说颇受小学生欢迎。

2010年，记者走访了乌鲁木齐第七十中学等一些中小学校园周边书店和图书市场后，发现受学生青睐的书籍大致分为以下几类：人文穿越、校园言情、后宫系列、悬疑魔幻系列等。

2013年，天津记者在采访中发现，武侠、言情、恐怖、魔幻等小说在一些学生中风靡流行。为何中小学生喜欢看这些书？经语文老师和心理老师的分析，造成这一现象的原因很多。首先是因为学生学习压力大，很多同学阅读课外书是为了缓解、释放学习压力。其次，阅读言情、武侠小说成为满足他（她）们青春期的好奇心，也是他（她）们体验成人世界的一种方式。

2013年1月，有媒体报道，在武汉，青春校园言情小说很受中学生乃至小学生热捧。汉阳区某小学六（4）班12岁的章同学，获得人生“第一桶金”，正是她写的短篇言情小说《云上歌声》在《爱格》周刊上发表，并赚得300元稿费（《爱格》杂志的定位是青春、影像、校园、时尚、言情）。章同学从四年级开始写小说，题材均是青春、校园、言情。记者走访多所小学得知，像章同学这样的业余“小作家”还真不少，他们的“作品”主要是校园言情或穿越、悬疑题材。“小作家”的父母们感叹自己儿女的早熟，真不知是喜还是忧。

中学生更喜欢从同辈友谊中寻找情感的慰藉。因为同学、同龄伙伴有着相同的学习压力，有着类似的来自学校生活和家庭生活的烦恼，共同的对新鲜事物的向往和追求，因而有着共同的语言、共同的情感，并能够从相处和交流中得到支持、理解、安慰，感觉找到了另外一个独立的自我。按照异性相吸的原理，他们感受到在与异性的同伴交往中可以得到的慰藉更加细微而温馨。另外，对成人世界以及影视、文艺作品中男女出入成双情景的模仿，使他们全然没有上一辈人在男女交往中的那种羞怯与退缩，而是以一种追求时髦的勇气大大方方地投入到与异性的交往之中。当然，这种异性同学之间的友谊交往并不等于早恋。对异性同学产生向往、爱慕是性心理发展过程中的一种正常现象。引导得好，它能激发少年学生对美好生活的热爱，对人间真情的向往，对友谊、团结、集体的珍惜，对完善自我、建功立业的追求。

正如性可以是崇高的，也可以是下流的。中学生的这种纯真的情感涂上什么色彩，解决问题的关键在于师长的引导。我们的教育应该把它涂写成绿色——希望之色和红色——辉煌之色，而严防它成为黄色——淫秽之色和黑色——死亡之色。

3.4　家庭性教育的误区

如果依据上述分析认为中学生早恋问题是由于社会物质环境和文化环境共同影响的结果，也认为家庭对此影响无能为力，从而放弃父母教育的职责或在家庭教育上采取听之任之的态度则是错误的。因为社会环境固然有负面的影响，但是在我们这个有着民族传统美德、坚持社会主义核心价值观、提倡社会主义精神文明的国家和社会里，积极的、健康的影响毕竟仍是主流。解决问题的关键在于家庭教育也要坚持积极的态度、健康的方向，以保持与社会主流教育的一致，使教育效果达到最佳状态。

误区与“雷区”

在注意到社会环境的某些负面影响的同时，我们也必须看到当前在家庭性教育上存在的一些误区，它也是造成一些青少年在性问题上出差错的重要原因。

来自家庭方面的影响中，最坏的莫过于家长不健康的道德观念行为。家长在性行为上的不检点，很容易对子女起到无形的教唆作用。另外，家长对黄色书刊、黄色录像持无所谓的态度甚至沉迷其中，也就把“黄毒”引入了家庭，造成对子女的污染。俗语说，父母是孩子的第一任教师，父母的言传身教影响着孩子们喜好什么、厌恶什么、鼓励什么、反对什么。这些都会反映在他们的一言一行、一喜一怒之中，孩子们会敏感地感受其中所蕴含的种种信息并以强烈的模仿性去效仿父母的思想、行为。天下的所有父母，包括犯有各种严重罪错的父母，其所共有的愿望都是自己的孩子学好，成为有出息的人，因此他们也都会要求孩子在学校里好好念书，听老师的话。但是他们中的不少人都以父母有悖于身份的行为违背了这一初衷，这是很悲哀的。

当然，大多数父母都是思想进步、作风正派者，在这方面他们也严格要求孩子。他们对两性关系问题所持的严肃态度无可厚非，但是其中有的父母却因方法错误，严厉有余，亲情不足，对子女缺乏应有的理解和尊重，从而引起子女的逆反心理，造成子女在性问题上的过失。有位曾在性问题上犯错误的女学生忆起自己的失误过程时，对自己的母亲还抱有深深的怨恨。该女学生在中学时因为要求入团，和男生的团小组长接触较多，但都是非常正常的同学关系。有一次放学，团小组长送她回家，被她母亲看见了，母亲便像审贼一样审问她，并不准他们以后来往。暑假里，这位男生又来找她，被她母亲轰走了。这样一来弄得她心里很不好受。后来母亲又动员了许多亲戚来劝说并进行轮番轰炸，好像天要塌下来似的。这反而使该女学生开始回想起该男生的种种好处，并进一步想：反正大家都这么看我，我干脆和他共患难吧。于是真的和他交了朋友，并且终于越过了界线。她现在回想起来很后悔。由此看来，逼得她造成这个失误的正是她母亲的神经过敏。

首先，家庭性教育的误区表现为许多父母无视子女正当的情感需求。人的感情总是要表达的，处于青春期的少男少女，对异性的爱慕、对友谊的追求掺杂在一起，往往难以分辨。如果父母神经过敏地乱加干涉，一方面会戳破两者之间这层微妙的“薄纱”并令少年学生考虑起他们本来就很朦胧而未加认真考虑的事，另一方面又会使他们对父母怀着反感对立的情绪，这就更增加了子女寻求感情慰藉的需要，从而使原有的普遍男女关系更加异化。此外，这还可能使少年学生的情感行为转为地下，使家长丧失了解和引导他们的机会。

家庭性教育的另一误区为一些家长视性问题为“雷区”，触摸不得，一触即炸，因而对此退避三舍，忌讳不谈。父母这种不闻不问的消极态度很可能导致有朝一日孩子情感的自行爆发。由这种回避引起的危机，主要有三方面的后果：一是它增加了性问题的神秘色彩。探索和发现是人的天性，人总是要努力去探求未知的世界，越是神秘的东西就越是能引起好奇。因而回避、封锁的结果反而会强化儿童在性问题上的兴趣。二是它错失了让儿童掌握科学的性知识、形成健康的性道德的机会。科学的健康的性知识不去占领儿童心中关于性问题的空白区，非科学的、邪恶的、淫秽的东西便会乘虚而入。三是主动放弃了培养儿童的性适应力、耐受力的机会。据说注射疫苗是利用少量病毒能在身体内产生对该病毒的抗体的原理而采取的预防疾病的措施。只有让儿童适当接触一些性问题，才能提高他们的性适应力和耐受力，也不至于在社会文化环境的负面影响下犯错误。

人们总是在不断克服自身的弱点中前进，善良的家长们只有在清醒地认识到自身局限性的前提下，才能提高家庭的教育水平，积极引导自己的子女越过雷区、误区，去迎接他（她）们黄金般宝贵的青春年华。

关于情书的母女对话

一位母亲发现女儿收到了情书，便开始了与女儿之间坦然的对话。对话中母亲所表现的正确态度，很值得各位家长学习。

女儿今年上初二，一天我问她收到过情书吗？她愣了一下，然后摇摇头。我故意惊讶地问：“不会吧？你这么优秀难道还没收到过情书？”

不知是她不想承认，还是真的没收到过。总之，她红着脸问我：“如果我收到了情书，该怎么办呢？”

我说：“第一，这说明你长大了，开始吸引异性的目光了，是件好事。第二，你要分析一下自己的魅力是什么？品德好、学习好、气质好、脾气好、形象好、身材好……如果是品德好，那你就保持你心地善良、乐于助人的好作风。如果是学习好，那你就要保持名列前茅，最好再提高几名。如果是气质好，那你就继续坚持博览群书，练好琴棋书画，提高修养。女人的气质是修出来的，不是装出来的。如果是脾气好，那你就保持自己的性格，不要再像小女生那样任性、乱发小姐脾气了。如果是形象好，那你就继续保持干干净净、整整齐齐、清清爽爽的形象，别像小时候，一写作业满手满身都是钢笔渍。如果是身材好，这一点你可要注意了，因为我最近发现你有点驼背，要加强锻炼，坐立行都要挺直了背。还有，要特别注意保护眼睛，近视度数可不能再加深了。除此之外，女人还要会熟练地干家务，做一手好菜。”

女儿听了，羞涩地说：“我哪有这么全面呀，我还差得远呢。”

我笑着说：“其实拥有这些魅力并不难，但这些都是异性比较看中和欣赏的女性魅力。你要是都具备了，那真是魅力四射啦！”

“第三，不论你是否对这个男生有好感，你都要静观其变，以不变应万变。中学生还没定型，他今天说喜欢你，明天说喜欢她，这都很正常，所以，你对他的情书也没必要看得太重。别让它成为你的心理负担。今后见到了他还要和以前一样落落大方，淡然处之，就像什么都没发生过，否则反而会引起他的误解。”

“第四，如果有可能，选个合适的时机直接告诉他，上大学之前你不想考虑任何与学习无关的事。要知道，你将来上了大学，机会还多得很，现在根本没必要考虑这件事。难道要为了一棵树木而放弃整个森林吗？”

“第五，写情书的男生对你的感情根本算不上是爱，充其量只是一种好感罢了。真正的爱是需要与责任相伴随的，他现在对自己都负不了责，生活还依靠父母，对你就更无法负责了。一个没有能力对女人负责的男人，即便再优秀，女人也不会接受他。”

“总之，保持优秀，修正不足。将来你还会收到很多很多的情书，赢得更多优秀男士的青睐，到时候，你可要擦亮眼睛，选一个正直、勇敢、坚强、有责任心、有事业心的人，选一个能真正与你风雨同舟、同甘共苦、相伴一生的爱人。”

女儿听了，一脸得意，大言不惭地说：“妈你放心吧，我将来找的丈夫一定比你的强。”我拍拍她的脑袋，笑着说：“好呀，希望如此。一会儿等你爸下班了，我一定要把这话告诉他。将来我倒要看看我们俩谁的丈夫更优秀。”

这个母亲在初中生女儿面前敢于直面两性问题的话语，透露出她的平等、理解、科学和真情，当然也就能成为女儿健康成长的正面力量。

4　低龄犯罪的追问

当飞驰的警车呼啸而过时，往往会留给路边驻足观望的人们一串问号：他们是谁？犯了什么罪？结局会如何？其中许多人往往是出于好奇。过不了几分钟，一切的一切，无论是路两边的闹市，还是行人泛起的思绪又都恢复如常，仿佛一切都从未发生过。但是更多的问号却留在了政法工作者、教育工作者、社会工作者以及关心我们的社会肌体健康成长的人们的心底，引起他们无尽的思考。然而应该对此认真思考的不仅是这些专业工作者、职业工作者，还应该有千千万万的家长们。

4.1　一片笼罩全球的阴云

当第二次世界大战的阴云刚刚散去，人们以为社会从此可以转入繁荣安定的轨道，可是另一片乌云却悄然拥来。

人们所祈盼的经济繁荣确实是降临了，但社会安定却没有如期而至。其中最突出的是青少年犯罪问题，它逐渐弥漫，以至成为了当今世界的阴云。

惊愕的数字

据统计，20 世纪 70 年代违法犯罪的青少年占全国青少年的比例，英国为 4.495%，西德为 4.89%，日本为 1.59%，而美国为 5.395%。美国《时代周刊》有文显示："整个美国已出现了一种令人不安和震惊的犯罪类型，许多年轻人把抢劫、强奸、伤害和谋杀视为家常便饭，就像去看一场电影或参加一场临时凑合的垒球赛一样。一代新的、冷酷无情的、变态的青年似乎已经诞生。而在今天的美国，没有比这更可怕的现象了。”

在我国，20 世纪中后期那混乱的十年给国家带来的政治、经济、文化、教育、道德等方面的巨大灾难使得青少年犯罪在 20 世纪 70 年代开始成为越来越突出的问题。

新中国成立以来，我国青少年犯罪率不断升高，呈现出令人担忧的急剧增长趋势。据公安部统计，20 世纪 50 ~60 年代，我国青少年犯罪约占全国刑事犯罪总数的 20% ~30%；到 80 年代增至 70%，进入新世纪后仍居高不下，成为社会各界共同关注的热点问题。《中华人民共和国未成年人保护法》和《中华人民共和国预防未成年人犯罪法》的颁布实施，虽使青少年犯罪现象暂时得到了一定的遏制，但现状仍不容乐观，表现在：青少年犯罪案件数量不断增加。据最高人民法院的统计数据显示，从 2000 年以来，我国未成年人犯罪呈现了明显上升趋势。从 2000 年到 2004 年，全国各级人民法院判决生效的未成年人犯罪人数平均每年上升 14.18%，2005 年 1 ~7 月，比 2004 年同期上升 23.96%，其中在生效判决中判处 5 年以上有期徒刑的，比 2004 年同期上升了 19.94%。[①]

有关专家根据犯罪分类情况进行排列，排在前五位的青少年犯罪类型依次是抢劫、盗窃、故意伤害、强奸、寻衅滋事，这种排序在一段时间内相当稳定。而少年黑帮成为近年少年犯罪的最大“亮点”。

数字后面的警匪片

枯燥的数字令人惊愕，而不时从报刊、互联网上报道出来的青少年犯罪的情况使人仿佛看到了警匪片中经常出现的镜头：

① 方文琼：《浅析我国青少年犯罪现状及预防》，《法制与社会》，2008 年第 10 期。

互联网2009年的报道：初三某班的几名学生和往常一样说说笑笑地走出校门。其中4名男生突然被人从身后分别架住双臂，强行带到龙蟠路边的花卉广场。到达广场之后，并不知道发生了什么事情的4名学生大吃一惊，绑劫者身边“护驾”的人由原先的不足10人，一下子激增近50人。对方简短的几句谩骂之后，毫不顾忌广场上众多的市民在场，蜂拥而上轮番对他们狂殴暴打。警方查明参与施暴的40多名暴徒和帮手，都是在校的中学生，引发这场聚众斗殴的事由，竟是两名学生在网上的对骂。他们对骂了些什么，参加这起群殴的大多数学生都不知道。当警方宣布对参与这起群殴行凶为首的11名嫌疑人依法刑事拘留时，当场就有3位家长昏倒在地。

在江苏省发生的一个系列少年盗窃案，警方最终破案查获。9个月中发生的30多起盗窃案的26名涉案人员，都是在校中小学生和流失生，他们很多人都有“不到刑事责任年龄抓紧偷窃”的犯罪心理。

这伙人自2001年3月至12月间作案30余起，案值人民币10万元。更令警方吃惊的是，作案者竟然都是在校中小学生和流失生，年龄最小的仅11岁，其中女性1名。面对一张张稚气未脱的脸，办案干警没有像往常破案后的欣喜，心情反而变得沉重起来。

警方查明，26个孩子中有些人已经不是第一次同警察打交道，按盗窃作案的次数和案值，足以判处徒刑，但由于年龄的关系，往往只能教育后予以释放。于是他们作案后受法律惩罚的犯罪恐惧心理一次次减弱，认为自己年龄小法律管不了，渐渐从一个月一次小偷小摸，发展到每月偷几次，有的几乎天天作案。有些14岁的少年曾公开宣称：“我还能偷2年。”13岁的少年不甘示弱：“我还能偷3年，比你多一年。”这群孩子因为自己未满14周岁，抓紧时间进行“无罪偷窃”，既令人们大跌眼镜，更令人感到阵阵心悸。

三十多年前，美国《时代周刊》上那本来是对美国社会而发出的惊叹，现在对我们来说也居然并非危言耸听了。

国内外一些数据统计表明，13~15岁是初犯品德不良行为的高峰年龄，15~18岁是青少年犯罪的高峰年龄。而这正是长身体、长知识的中学阶段，被人认为是黄金时期。善良的人们难以想象，令人痛恨万分的杀人犯、抢劫犯、强奸犯竟然是这些莘莘学子。究竟是什么恶魔潜入了本来应是活泼、可爱、纯洁的孩子的心灵，使他们变得像野兽一样疯狂、凶狠？

什么地方出了错

的确，千千万万善良的家长们对于出现在青少年身上瘟疫般的犯罪现象百思不得其解。当罪恶的漩涡不幸把自己的子女也卷进去时，他们撕心裂肺地呼喊："天哪，我们前世造了什么孽！"

究竟是什么地方出了错？

世界各国许许多多专家学者，都企图从生物学、社会学、心理学等不同角度寻求这一问题的答案。试图把犯罪归结为生物学因素的犯罪生物学派的创始人龙勃罗校认为："善良的人与邪恶的人的性格同他们的生理、骨相有关。"为了证实这一观点，他对一个江洋大盗的尸体进行了头部解剖，发现这具头骨上有中央缓头窝。这是极为罕见的，一般只有野蛮人与野兽才有这样的头盖骨骼。他感到他的观点已获得了证实，不禁欣喜若狂。还有一些犯罪学家企图从其他生物因素，如染色体、内分泌、脑电波等方面的差异来探寻犯罪原因。丹麦的一位学者甚至认为：依靠遗传科学，我们能够确定造成犯罪的天赋遗传条件，然后利用一些社会措施，如控制生育、消除生殖机能等，避免罪孽深重的罪犯继续生育出罪恶的后代。

从科学研究的角度出发，从生物学方面探索犯罪的原因也未尝不可，但是如果由此得出结论，认为产生犯罪的主要原因是先天生理特点所致而并非社会环境因素（包括学校，家庭环境）和后天心理特点所致，那就未免荒谬之极了。这无异于说犯罪是先天决定了的，因而个人无须对他自己的行为负责，教育对此只能是无能为力。人们当然希望能用尽量简单省事的方法解决复杂的社会问题。但像丹麦那位学者提出的设想就是天方夜谭了。

各国的政法界、教育界、心理学界等一些社会科学领域的学者们，对青少年犯罪问题高度重视并作了大量研究，也试图从不同的角度探讨造成犯罪问题的原因以及试图找出解决问题的对策。

国外一些学者认为青少年阶段是“犯罪期”，是个体发展上的“危险时期”，个体发展到青少年期，就不可避免地产生与现实生活、与成人之间的一些无法克服的矛盾，就不可避免地作出反社会的行为。法国学者贝尔纳认为，青少年总是处于冲突的情境之中，这种情境会造成感情上的紧张和心理上的难以承受，青少年便会通过选择好勇斗狠的行为来寻求解决其内心的冲突。

还有一些外国学者认为，青少年犯罪的根本原因在于这个年龄阶段正处于性成熟期。性成熟会引起情绪激动、狂热、易怒、好斗。他们说，野兽到了春天的时候，牙、爪都尖锐起来，变得好斗，为的是争夺异性，争夺食物，青年的情况也是这样。这种性的冲动以及它所引起的情绪冲动就会使得他们置社会法规、道德伦理于不顾，进而做出越轨的行为。

按照外国学者的这两种观点，人们到了青少年期要犯罪是确定无疑的了，因为出现的矛盾无法克服，性成熟也必然会产生。但事实上，就算是在犯罪率很高的西方社会，犯罪青少年在青少年总数中所占的比例也是很小的，正如前面所列举的数字所示。这两种观点过分强调了品德发展过程中某些年龄特点的影响作用，甚至把这种作用绝对化了，如果撇开社会制度、教育环境对青少年影响的重要作用，也就难免得出荒谬的结论。

究竟是什么地方出了错？科学的结论不应单纯地归咎于生理的或心理的或环境的某一种因素，而应从对诸因素及其相互作用进行全面、系统的分析而得出。

4.2 易于被忽视的人生“第二次断乳”

科学的心理学试图从青少年心理发展的特点以及社会、家庭、学校环境对其心理发展的影响作用来考察分析青少年犯罪的原因和对策。我们的分析也许应从往往为人所忽视的“第二次断乳”开始。

心理性“断乳”

人生的第一次断乳是生理性的断乳，是婴孩一岁以后停吸母乳而代之以其他食物，诸如稀粥、面糊、米粉、奶粉等，并逐渐过渡到吃与成人一样的食物。对于这一转折变化，父母比较注意。他们采取积极而稳妥的措施让婴儿实现对新食物的适应，因为即使是没文化的父母也清醒地认识到，永远依赖母乳的婴孩是长不大的。

但是，许多家长，即使是文化水平很高的家长，却不知道人生的"第二次断乳"。"第二次断乳"发生于青少年期，是心理性的断乳，是子女想离开父母，要求个人独立自主的趋向。正如生理性的断乳一样，心理性的断乳一方面显示出成长的力量，另一方面也表现出不成熟所带来的不适应。如果缺乏促成从不适应到适应顺利过渡的环境条件，就很容易出现冲突、危机。

心理性断乳期绝不可以放任自流。问题在于孩子成长过程中的心理性断乳增加了父母管教上的新"问题"，而使一些父母无能为力、放弃管教。

在犯罪学中有一个很著名的剑桥—萨莫维尔研究（Cambridge - Somerville Study），结果显示，儿童时期缺乏父母管教，是45岁之前实施暴力与财产犯罪最好的预测因素。《牛津犯罪学指南》中专门谈到了什么样的父母管教才是合格的，它需要的是连续的、一致的对孩子行为的反应。例如不能今天孩子做错了事就暴打一顿，明天又放纵孩子去砸别人的玻璃。如果父母管教的方式都是混乱的，孩子又怎么能知道什么是是非曲直呢?

"独立性"出现了

从依赖性向独立性发展是任何人都要经历的过程。处于儿童时期的小学生许多事情要依赖父母、老师，他们对父母、老师也比较信赖、服从。但到了少年期，随着各种能力的发展，他们依赖大人的事情也逐渐减少，他们心理上的独立性意识逐渐增强。

首先表现为在自我意识方面有了独立自主的要求。他们感到自己已是大人了，不愿别人把自己当小孩看待，他们对父母、老师的话不再百依百顺，而是有了自己的看法。但与此同时，他们生活上还要处处依赖家长，行为上也时时表现出幼稚性，这使得大人仍把他们当小孩看待，不尊重他们自立、平等的要求。这就可能使青少年学生产生反感，甚至对抗的情绪，造成两代人的隔阂。而这样下去进一步的结果是孩子有心事不愿对家长说，而家长的劝告也进不了孩子的耳朵，这就大大削弱了家庭教育的作用。另外，青少年学生为了满足自己平等独立的心理需要，会投入更多的时间和热情与朋友在一起，于是朋友的影响力陡然上升。假如在朋友中有品德行为不轨者，就很容易受到不良的影响而走上邪路。

这一时期思维上独立性的发展，使青少年学生不再满足于成人和书本上的说教，而喜欢独立思考钻研，这是有利于青少年学生探求真理、掌握真实知识的。但是由于他们辩证思维的发展跟不上成熟的步伐，所以他们对事物的看法容易出现片面性、表面性错误。例如盲目地反对任何权威、纪律、法规，把冒险当成勇敢，把帮同学打架、包庇朋友的错误看成是“有义气”，把坚持错误看成是坚强。这种错误的认识往往会导致更加恶劣的行为。

独立性的发展还可能使一部分青少年热衷于用冒险行为来显示自己的力量。这在男孩子中尤为突出。他们竭力要显示所谓“真正的男子汉”的品质，如勇气、意志、力量等。但由于他们对这些品质又缺乏全面正确的理解，就往往会盲目追求力气、拳头，做出冒险、拼命、违法的事情来。

情绪稳定性的滞后

与此同时，他们情绪稳定性的发展跟不上独立性的发展。这使得他们处理事情时易兴奋冲动，自我控制力不够，在某些外因的诱惑下往往心血来潮，忘乎所以，做出出格的举动。此外，性意识的萌发和发展，使处于青春期的青少年更富于激情，这种激情可以成为他们学习、工作的动力，但也有可能使他们不顾后果地干出一些蠢事。

我们的许多父母只能察觉到儿女变得越来越不听话了，但却没有从根本上了解隐藏在这“不听话”后面的儿童心理发展过程中的巨大质变。他们对这种不听话的反应往往是暴怒或者诸如“翅膀硬了，想飞了”、“有本事就不用父母养”等一连串责骂。这种简单的情绪性的反应往往只会激起子女心里更大的抵触情绪。

如果说第一次断乳时需要细心考虑食物的变换，那么第二次断乳时更应精心考虑从教育内容到教育方法上的改变。心灵的健康成长需要心灵的雨露、阳光、营养，它来自父母、教师以及整个社会机器中的每一个部门和每一个人。全社会都来关心青少年的成长，这一口号应该永远落实在实际行动中。

4.3 他们模仿了什么

小萌的爸爸无论做什么，都喜欢贪些小便宜，买水果时多拿一个橘子，或者坐公车时抢占座位，排队加塞等等，这些小萌都看在眼里记在心上。渐渐地，她在幼儿园里也开始变得自私自利，好吃的、好玩的都要抢到自己手里，还不遵守班级秩序，这让老师十分头疼。

这就是模仿。模仿是对他人思想、言行的效仿，它是人类获取社会经验的主要方式之一。而家长的一言一行，将是儿女首先模仿的对象。

从家长身上学来的模仿

婴儿的牙牙学语就是最初的模仿，以后的使用餐具、摆弄玩具都是通过与成人的接触模仿学来的。较强的模仿能力使得儿童能够迅速地掌握人类社会生活的各种技能、知识、经验。在婴幼儿时期，一般来说，家长都会以积极的行为去为孩子提供正确的模仿对象：孩子发音不准时予以纠正，孩子拿筷子动作不对时，为其作出正确示范，朋友来时，以自己热情的行为告诉孩子礼貌待客的规范。可是当孩子逐渐长大，特别是到了初中以后，家长这种提供正确模仿对象的积极性和主动性却越来越弱了，而孩子们并没有停止对他所接触的周围的人和事物的观察、模仿。由于对事物的好坏美丑缺乏正确的分辨能力，而成人社会又没有及时提供正确的模仿对象，青少年就可能在追求刺激和猎奇的心理驱使下，盲目模仿一些不健康的形象，进一步发展则可能导致违纪违法犯罪。

尽管不能用危机四伏来比喻对青少年犯罪产生作用的各种诱惑力量，但是，善良的家长们千万要留心在家庭、学校、社会中所存在的虽非主流却有着极大毒害、腐蚀作用的形形色色的消极因素。

父母是子女的第一任老师，是家庭生活中子女直接模仿的对象。在子女成长的过程中，父母的道德观、价值观、生活态度都会在孩子身上得到反映。尽管那些有违法犯罪或道德不良行为的家长在送子女入学时，也几乎没有一个人不希望自己的子女在学校学好，以后能成为一个有出息的人，但是父母自身的不良行为却往往对子女起着潜移默化的负面作用。对父母的所作所为，当子女的会看在眼里记在心上，模仿在行动中。国外的一项研究资料表明，父亲有犯罪记录的，其子女66.2%有违法行为。据对我国某工读学校50名女生所作的调查，家庭成员中已判刑的有15人，占30%；有不良作风的家长14人，占28%。

还有一些家长尽管行为作风不坏，但他们自己对某些问题的错误认识会有意无意地灌输给子女，对其子女的行为产生意想不到的恶劣后果。例如有的家长唯恐子女吃亏，受欺负，便教孩子“谁打你，你就打他”，“吃亏的孩子是没出息的，男孩子要有男子汉的气概”。据某些地方的调查，受过家长这种教育的学生，占了45.7%。显然，这很容易形成孩子好斗、冷酷的性格。一位美国心理学家对青少年进行了近30年的心理研究，得出结论：“好斗的少年儿童，将来有30%左右的人真正走上了犯罪道路。”这不能不在我们的头脑中敲响警钟。

同伴的相互模仿

孩子们在学校里相互接触、交往，从而产生的相互模仿现象也不可忽视，它往往是某些不良风气得以在校园泛滥的原因。某个学生带着某种独特新颖的玩具到学校向同学炫耀，没过几天时间，全班大部分学生都有了这种玩具；如果有个别学生偷偷在厕所或校园的某个角落抽烟，不需很久，这种“烟瘾”会很快传染到其他同学身上；某些学生在校园里与异性同学交朋友，经常成双成对、亲亲热热，过不了多久，班里成双成对的会越来越多，而“单干户”反而感到有一种“不受赏识”的压力。

尽管校园里对非正当行为的这些模仿行为还未触犯到刑律，但是它有可能使不良行为作风蔓延发展以至成为罪恶滋生的土壤。一旦社会上罪恶的黑手伸进校园，这种可怕的担心就可能变为现实。在某些地方的个别学校发现有黑社会组织渗入的可怕现象，就是借助于模仿罪恶而酿成的恶果。

大众传媒传播的模仿对象

当今日益发达的大众传媒更为青少年学生提供了千姿百态、眼花缭乱的模仿对象。报纸、杂志、书籍、广播、电视、电影以及当今集多种信息接收与传播功能于一体的手机，使大众传媒更具有公开性、时效快、覆盖面广等特点，更深刻地影响着人们的思想观念、思维方式和行为方式。青少年儿童个体对社会行为规范的认识和掌握，在很大程度上依靠大众传媒而实现。难怪美国传播学者威尔伯·施拉姆和威廉·彼特在谈到大众传媒对人类社会文化的潜在效果时说："所有电视都是教育的电视，唯一的差别是它教什么。"

美国著名心理学家班杜拉对大众传媒的作用进行了大量的研究。他认为：大众传播媒介，尤其是电视、电影，提供了大量形象的、生动的示范榜样，对学生有极大的影响。虽然它们并不像父母或教师那样，有意识到使青少年社会化，但是我们不能再低估这种娱乐中的无意学习，虽然它不会引起广大青少年的抗拒。儿童或青少年可以从一系列的电影、电视中学会一些犯罪行为或反面人物的举动。他们未表现出来只不过是暂时地抑制了这些犯罪心理。

我们遗憾地看到，西方社会由影视传媒而引起青少年犯罪的教训又在我们的社会中有所出现。在一段时间里，一些暴力成分、言情成分较多的影视作品充斥了我们的眼球。尽管我们并不怀疑其中一些作品带有宣扬正义、歌颂真正爱情的积极成分，但是也不可否认，其中也带有过分渲染的暴力和性爱，这就有可能使是非好坏辨别能力不强，猎奇、模仿心理强的青少年儿童盲目模仿影视作品中刺激性强而思想道德不健康的形象、行为。

某开放地区破获了一个 22 人组成的刀仔队犯罪团伙，其犯罪行为带有强烈的娱乐性。其中一个 17 岁的成员在接受记者采访，谈及自己学坏的过程时说："因看电视电影武打片太多，想做英雄。"

有一个犯罪团伙，被判死刑的老大在"弥留之际"还说："电视节目中的英雄豪杰的本领实在太大了。他们杀人如麻，奸淫无数，却仍能逃之夭夭。可我却不能，或许是我的本事还没有学到家。要是真能转世的话，我一定要好好学点真本领……”

半夜入屋盗窃杀人的一个学生，平时对那些介绍杀人越货的录像片就津津乐道。他们戴面具从梁上入屋盗窃和杀人灭口就是从这些录像片中学来的。

根据调查，中学生看过色情、暴力、封建迷信的书刊、音像制品的达 14%。1/3 以上的中学生不同程度地受到不健康文化的影响。

当成人们在创造票房价值、提高发行量的时候，是否想到在这后面被毒害的青少年儿童？这其中很有可能就包括他们的子女。八十多年前鲁迅先生曾发出过“救救孩子”的呐喊。今天我们也要发出同样的呼喊，但是我们还要加上一句呼喊：“救救大人！”因为是他们中的一些人以自己的行为有意或无意地制造出来的真实的或虚幻的形象引导着青少年儿童走上了罪恶的迷途。

我们不要问孩子们模仿了什么，而是要问自己，我们向他们提供了什么作为模仿对象的行为。

4.4 滋生邪念的阴影

雨果的名著《悲惨世界》中的主要人物卡福汝主教有一句关于犯罪的精彩论述，他说：“当一个人的心中充满了黑暗，罪恶便在那里面滋长起来。”如果我们不计较他的议论是站在宗教立场而发的话，那他确实是说出了罪恶滋生的内部心理条件。

家庭之爱的缺乏

正如在阳光照不到的阴湿角落里，霉菌最容易滋生一样，当心里没有爱和欢乐的阳光而变得阴暗时，就会产生出报复、破坏、搞乱一切的罪恶欲望。

孩子们在其成长的过程中，爱是不可缺少的。他们首先是从父母的爱，进而从学校老师以及周围人的爱和关怀中体会到人间的真情、社会的温暖、生活的美好。他内心所充满的光明会促使他去爱自己的同胞和热爱自己的事业，并创造出美好的未来。反之，如果他们在家庭、学校感受到的是轻视、冷漠、厌恶、不受尊重，那么他们所获得的就是人情淡薄、世态炎凉和人生茫茫的灰暗感觉。这种心理的阴影只能窒息他们的希望和进取的热情。而没有希望，不求进取的人往往是会自甘堕落的。

但是，曾被称为“早晨八九点钟的太阳”的青少年，正处于朝气蓬勃的阶段，他们心头的阴影又来自何方呢？这是值得认真思考的。

正如一首歌曲所唱的：“世上只有妈妈好，没妈的孩子像根草，离开妈妈的怀抱，幸福哪里找！”它唱出了破碎家庭给孩子带来的不幸，这不幸会在儿童幼小的心灵投下浓重的阴影，留下难以弥合的创伤。破碎家庭即缺陷家庭，指的是双亲的一方或双方由于死亡、离婚、遗弃、犯罪或其他原因造成一方或双方不在。现代劳动大军不断涌向城市，也使农村留守孩子日益增多。虽有父母远距离的存在，但身边的关爱依然缺乏。

心理学的研究表明，双亲的爱对于子女身心的健康发展有着重要作用。缺乏这种爱会使孩子心理上没有安全感，易产生情绪上、人格上的障碍，形成孤僻、冷漠、粗暴、内向等不良性格。这会使他们的心里总是带着灰暗的色调。再加上由于家庭不健全所造成的忧伤、沉闷气氛，家庭成员容易以猜疑、怨恨、敌对等负面心态看待周围的人和事，易于接受社会上消极落后的东西。心理学的许多研究成果还表明，父母双方中有一方脱离家庭（或因性格不合，或因第三者），对子女心理所起的恶劣影响较之一方自然死亡所造成的影响要大得多。因为抛弃家庭，子女的父亲或母亲在子女的心目中就是忘恩负义和不道德的人，这会使孩子感到委屈、怨恨。他从中感受到的人际关系的虚伪性会使他产生对人的不信任感以及接受每个人只是“为自己”的人生哲学。这些消极的想法和心态就是易于滋生罪恶的有利土壤。

根据美国格里克对966名少年犯的统计，来自缺陷家庭的占了48%。根据我国某市两所工读学校的调查数据，在犯有两性罪错的130名少女中，来自缺陷家庭的有29名，占了22.3%。它远高于缺陷家庭数在总家庭数中所占的比例。

校园过多挫折的打击

孩子们心头的阴影也可能来自他们学校生活中过多的挫折。在生活道路上，任何人都可能随时遇到挫折。适当的挫折可以磨炼人的意志，给人们总结经验教训的机会，为以后的成功打下基础。但是过多的挫折会使人怀疑自己从而放弃努力甚至自暴自弃。

学校里的“双差生”正是这样一种情况。他们由于经常违犯纪律、学习成绩不好而受到批评。某些老师、同学对他们采取鄙视冷淡的态度以及家长对他们的呵斥责骂，会使他们对学习、对学校生活丧失兴趣。而这又反过来促使学习成绩更差。这种恶性循环使他们的自尊心受到极大的伤害。他们往往会把受挫折的根源归咎于学校、老师、同学，并以故意捣乱、破坏来发泄内心的怨恨，通过报复后的快感来维持因自尊心受损所造成的心理失衡。

有的学校过于看重学习成绩，并据此分快慢班。这种行为严重地伤害了大多数学生的自尊心，容易引发厌学情绪，进而对学校和老师反感，容易使他们走上犯罪的道路。据某省少年犯管教所的调查表明，72%的少年犯在校的时候就是备受冷落的“慢班”的学生。难怪现在教育主管部门对学校这种分快慢班的做法亮起了“红灯”。

错误家教方式的恶果

孩子们心头的阴影还可能来自家庭不正确的教育方式。许多研究表明，犯罪青少年的父母的教养方式有极端化倾向，最典型的是专制型与溺爱型。前者对子女严厉有余而关爱不足，更多采用惩罚、拒绝、否认及过多干涉的方式；后者则是对子女纵容、溺爱。

专制型的家庭不理解孩子的要求，不尊重孩子的个性，强制孩子服从家长的命令和指示，稍有不对就训斥、责骂。这种教育方式虽然是从严格要求孩子、关心孩子的成长出发，怀有对孩子强烈的爱，但是由于方法简单粗暴，因而孩子不但难以接受和理解父母的爱，反而对父母持冷淡、对立、疏远态度。这样就可能造成正如前面所提到过的，一方面削弱了父母的正面影响和教育的力量，另一方面又会促使孩子到同龄伙伴或社会上的一些团伙中去寻求心理安慰。如果有某些别有用心的人乘机予以“关心”的话，就会造成危险的后果。

李某11岁时便长得亭亭玉立，开始喜欢打扮。只要父亲不在场，便表现得非常活泼。但父亲越来越看不惯，对她讲了一通艰苦朴素的道理。一次，李某背着父亲让母亲给她买了一件较鲜艳的裙子，还未穿到身上，就被父亲发现，父亲大发雷霆，并当即把裙子剪碎，李某感到十分委屈，对父亲由惧怕变成反感。一天，李某因参加同学的14岁生日活动，晚上回家较迟，父亲又一次发怒，操起棍子便打。这一打把李某打离了家庭，打入了流氓团伙的圈子。一位纯真的少女就这样成为令人憎恨的女流氓。

溺爱型的家庭是与专制型的家庭恰恰相反的另一种极端。它对孩子过分保护、迁就，尽量满足孩子所提出的任何需要，即使孩子明显地错了，也对之护短甚至纵容。这不是对孩子真正的爱，反而易于使孩子养成自私、孤傲、霸道、任性等不良品格，由此所产生的一些消极心态也往往成为易于邪恶滋生的土壤。一位16岁的少年学坏了，最后发展到拿着刀具逼迫自己的父母亲拿出1 000块钱，父亲无法接受儿子的行为，终于发疯似的冲过去把儿子掐死了。在狱中的父亲忏悔道：“我是一个不合格的父亲，只知道满足孩子的物质追求，思想、品德教育却太少太少。迁就姑息，娇惯溺爱酿成了无法弥补的悲剧。我们痛悔过去的岁月，但我认为，我们并不是在一夜之间杀死孩子的，而是从他一来到人世，就给他铺设了死亡的陷阱。”

一个临刑的死囚在给父母的遗书中向他的父母发出最后一次责问：你们在我开始学坏的时候为什么不打我骂我一下呢？在我扔掉书包、荒废学业时，你们为什么不严厉地批评我一句呢？

无论是父亲的忏悔，还是年轻死囚对父母的责问，这一切都来得太晚了。难道人的良知非要到了无法挽回的地步才会苏醒？人们往往喜欢追悔，但无论如何都追寻不到已经失去的东西了。但愿他们的追悔能够化成警号，警醒人们不要再失去更多，不要再有更多无用的追悔。

5　社会适应的忧虑

19世纪30年代，英国生物学家达尔文经过对植物的长期考察和分析研究，综合了很多世纪以来科学和实践的成就，写出了《物种起源》一书，创立了被恩格斯称为19世纪的三大发现之一的生物进化论。他所总结的自然界“物竞天择，适者生存”的规律甚至被后来的一些社会学家应用于社会领域。

尽管把生物界规律全盘照搬到社会领域是不妥的，但是不能否认在社会领域中确实也存在适应的问题。人类社会总是不以人的主观意志为转移地迅速向前发展，它要求包含在它（社会大系统）其中的各种子系统、单元、个人也要适应社会的变化，跟上时代的潮流，否则会被社会、时代所淘汰、抛弃。在竞争越来越激烈的现代社会中尤其如此。

今天，曾经在艰苦环境中成长起来，为我们国家的繁荣、发展作出了卓越贡献的一代将因步入老年而逐渐退出其工作岗位。在此之际，他们不能不忧虑，当今的中小学生是否能适应未来社会的需要，是否能担当起建设新世纪的重任？他们的忧虑并非杞人忧天，因为当今新的一代确有成为“娇惯的一代”的危险。

5.1　长不大的孩子

从孩子出生的那一天起，父母心里就有了一个美好的愿望：希望孩子快快长大。这祝愿经常出现在孩子的生日晚会或新年到来之际，更体现在父母无休止地要求孩子吃这吃那，不停地为其补充营养的日常生活中。终于有一天，孩子的身高超过了父母。可是不久，父母原来喜滋滋的心里又会涌现出越来越多的忧虑，因为他们发现，已是人高马大的儿女连日常生活的许多小事都不会干——不会洗衣、不会做饭、不会买菜、不会待客……生活自理能力极差。

数字与事实

在我国城市的家庭中，大多数都是独生子女。在“中国城市独生子女人格发展与教育”大型调查中，调查组对 10 ~ 14 岁的儿童从事家务劳动的状况做了统计，调查显示，69.7% 的儿童从没做过饭或很少做饭，63.2% 的儿童从未洗过或很少洗衣服，48.1% 的儿童从未或很少洗碗、洗菜，31% 的儿童从没做过或很少打扫卫生以及整理房间这些儿童力所能及的事情。

“我家孩子现在上一年级，很多事我不放心让他自己做。我寻思孩子上学也挺辛苦的，再说这些事儿他也不会做，我和老公就进行了明确分工，晚上我陪儿子做作业，做完作业再负责把书包收拾好，老公负责给儿子洗脸、洗脚。早上，我准备早饭并且要一口一口地喂儿子吃完，老公负责给儿子穿衣服，我俩每天轮流接送孩子上下学，送完孩子还要去上班，这一天下来把我俩快累死了。”张女士抱怨说。

小浩然今年已经上小学五年级了，他家离学校并不远，但每天爸爸都会接送他上下学。当记者问小浩然会不会骑自行车的时候，他摇了摇头说：“不会骑，爸爸妈妈不让我骑，也没教过我。”

过去流行让小孩去买油盐酱醋之类的小事，曾有一个笑话说，一位母亲给两张钱和两个碗叫小孩去各买酱油和醋。不一会儿小孩拿着两只空碗回家问妈妈，是用新的钱买醋还是用旧的钱买醋，问清楚后再去。但不一会儿又拿着空碗跑回来，问妈妈是用左手拿的碗装酱油还是用右手拿的碗装酱油。妈妈又恼火又叹息：怎么生了这么个傻孩子！可是谁又能保证，今天衣来伸手、饭来张口的小皇帝或小公主去干这些日常生活的小事时会不会出现类似的笑话！

有人曾对某小学一年级 170 名学生进行调查，问：“当你遇到困难时怎么办？”学生回答：“在家里找爸爸、妈妈，在学校里找老师。”而回答“我自己想办法”的只有4名学生，因为他们远离父母，寄住在亲戚家。在家里事事依赖爸妈，一旦要自己去单独做事时，肯定要出洋相。据报道，一个在国外留学的中国小学生早晨上学还要父母打国际长途来提醒，真是不可思议！

如果考虑到小学低年级儿童的心理还带有很强的依赖性，对此尚可有自圆其说的解释。但是如果高中生也这样，则值得令人深思和忧虑。而实际情况也正是如此，现在有为数不少的中学生甚至连一些最基本的生活常识都不知道，也不知道如何去做。

网上盛传一个故事，说的是有位母亲为他二十岁的儿子伤透了心，不得不去请教心理专家。

专家问：“孩子第一次系鞋带打了个死结，你是不是从此不再给他买系鞋带的鞋子？”母亲点点头。专家又问：“孩子第一次自己刷碗的时候溅了一身水，你是不是从此不许他走近洗碗池？”母亲又点点头。专家接着说：“孩子第一次自己动手整理床铺，用了很长时间，并且弄得歪歪扭扭，你是不是不耐烦地把孩子推到一边，替他重新整理？”母亲惊愕地看了他一眼。

专家又说：“大学毕业后，你是不是又动用了自己的权利和关系，为他安排了前程？”母亲更惊愕了，连连点头。最后，专家肯定地说：“现在你的儿子是不是工作没业绩，与同事处不好关系，脾气还很暴躁，完全变成了一个陌生人？”母亲“哇”的一声哭出来：“是的，是的。医生，这是怎么回事呀？”专家严肃地说：“你们把所有的事都替孩子做好了，所以，孩子就不会做所有的事了。”

更令人脸红的是，儿女需要家长照料的恶习，竟然“出口”了。

在加拿大，温哥华公立教育联盟是一家为中国内地留学生做“落地”服务的教育机构。我这次到加拿大考察，联盟的工作人员告诉我诸多中国留学生的故事，听来令人感慨。

其中一个16岁高中生的事例，至今都让他们觉得不可思议——这个高中生，居然不会自己穿衣、吃饭。由于他不能照顾自己基本的生活起居，母亲跟来陪读，这让在该联盟工作的华侨房东也看不过去。原来，这个孩子从小到大，穿衣、吃饭一直由保姆照料，且吃饭还需要一口一口喂。在联盟的员工看来，他就是一个“残疾人”，很可怜。

自理能力和社会交际能力，被加拿大家庭和学校认为是一个学生最重要的生存能力，如果没有自理能力，不关心周围社会，学科学习成绩再好，也是“弱智”的。在他们的课程设计和家庭教育中，他们就要求孩子必须到社区做义工，而且特别强调通过自己的努力挣钱，花自己挣的钱才是值得尊敬的。

我国有则寓言说，有一户人家养了个真正衣来伸手、饭来张口的懒孩子，十几岁了还要父母喂饭吃。有一次，父母要外出一个星期，怕孩子会饿死，于是便做了一个够吃一个星期的大饼。饼的中间留个洞，刚好套在孩子的脖子上，饿时只要张口咬就行了。因此父母就放心地走了，但一个星期后父母回来，发现儿子竟然饿死了，而套在脖子上的饼只是在靠近嘴的地方被吃掉了一些。这个懒孩子连把脖子上的饼转动一下也不会。这则寓言的寓意是深刻的，父母管得了一时，可管不了一世。不掌握生活本领的人，将难以立足于社会。

令人遗憾的生活答卷

当然，生活的本领并不只局限于衣食住行等家庭生活方面，还包括与人相处交往、社会公德、谋职立业等社会生活方面。如果说当今的孩子在经济生活方面的自立能力不容乐观的话，那么他们在社会生活方面的适应能力则更使人忧虑了。

某天，学校组织学生春游，当准备搭载他们游览的公共汽车刚到学校时，学生们便你挤我拥地争先上车抢占好位子。老师最后上车，座位都没有了，竟没有一个学生主动给老师让座。

报载某城区为选拔市三好学生、优秀少先队员，于是对全区学生进行了严格的测试。从28 000多名中学生中挑选出来的17名候选人，他们在时事政治、演讲、音乐、图画、体育等各项测试中都有出色的表现。但在他们不知不觉的状态下进行的另一项测试中，却几乎“全军覆没”。美术试场门口，一把扫帚、一块脏抹布随意摆放在地上，17

名候选学生先后从它们上面进进出出，没有一个人理会这有碍环境整洁的“分外事”；美术试场内，学生削铅笔，17 人中只有 3 人把铅笔屑削在草稿纸上，其他人都随意削在了桌上或地上。考试完毕离开考场时，只有一名学生把削下的铅笔屑用纸包好丢在废纸篓里。他们对这些不写在纸上的关于社会生活方面的答卷所作出的答案是令人遗憾的。

我们的家长还会不时为孩子一些有悖于常理常情的行为而忧心劳神：当他们需要家长或老师帮助自己做什么事时，他们往往采用命令的口吻，“请”字极少从嘴里说出；在与同学朋友的交往中，有时会因为一句不顺耳的话而生气几天；好朋友红了一次脸便宣布断交；他们对别人的困难、痛苦无动于衷，缺乏同情心、正义感；他们受了一点点的挫折便一蹶不振、自暴自弃，取得一点点成绩和荣誉便沾沾自喜、趾高气扬。

也许我们还能举出许多许多诸如此类的例子。当我们的家长看到儿女们一天天长大，但是在对待现实生活，包括对人对事对己的态度和方式却仍停留在很低级的水平时，经常发出“为什么孩子总是长不大”的感叹。

在这里，父母们心里都很清楚，他们所感叹的是子女的不懂事，社会生活经验的不成熟。这时候，他们才算是多少懂得了人的健康成长应包括生理（身体）方面和心理方面。一个人只有两个方面同步协调发展，才能说得上是“长大了”。我们的父母在关心孩子身体的长高长大方面是无可厚非的，然而在关注孩子心理的成长成熟方面却着实不足。身体的长大靠养育，靠物质食粮，心理的成长靠教育，靠精神营养。当我们疑惑孩子为什么长不大时，更应该想想自己有没有重视给他们充足的精神营养！

“中国式”啃老

“啃老”似乎是 21 世纪出现的新词汇，不知是不是笔者少见多怪，还是以前没这个现象，所以以前就没有这个词汇。但这种现象却多见于“太关心”子女的中国，于是便有了“中国式”的词汇，如撞了红灯也直走的“中国式过马路”，照个相、撒泡尿、留个名的“中国式旅游”等词汇的出现。

网友们以顺口溜给“啃老”族画了个像：“一直无业，二老啃光，三才没有，四肢简单，五马乱跑，六亲不认，七分任性，八方逍遥，九（久）坐不动，十分无用。”有专家认为，这种社会现象之所以会出现，其根源在于家庭教育的缺失：如独立性的培养和挫折教育的空白，有形和无形的职业歧视教育，缺乏自信心和责任感的培养，以及缺少沟通能力和合作意识的培养。①

西方的家庭教育与中国的家庭教育在理念上有着本质的区别，外国人从小注重培养孩子的自主性，因此对“中国式啃老”很是不解。中国人认同“养儿防老”，从社会学的层面来说，“中国式啃老”的背后是代与代之间的利益交换。因此父母在自己力所能及的范围内最大限度地满足孩子，并希望孩子在自己年老时以同样的态度来回报自己。但如果没有相应品格的传承，恐怕“交换”来的不是“感恩”而是“忘本”。

因此，对于中国现行家庭教育模式的反思，应该使人们得出告别“中国式”啃老的四个关键词：独立、坚韧、责任、合作。

5.2 佝偻病与爱子病

人类成长的事实和医学证明，小儿的骨骼发育依靠钙，缺乏了钙就会引起佝偻病，亦即软骨病。其症状是：爱发脾气，睡眠不好，易出酸汗；脱发，头骨软化，手按上去像乒乓球一样，胸、肋骨软化凸起而形成鸡胸，下肢出现 X 形腿或 O 形腿；肌肉松弛无力，坐、立、走及出牙都比正常小孩晚。

心理上的佝偻病与缺钙

在现代，由于营养水平的提高以及科学育儿知识的普及，生理上的佝偻病是很少见了，但心理意义上的佝偻病却大有日渐增多的趋势。它表现为事事依赖父母（尽管独立自主意识很强，不听父母的话，有自己的主见，但实际上他们的自理能力很差），一旦离开了父母的扶持

---

① 米春艳：《告别“中国式”啃老的四个关键词》，《南方都市报》，2014 年 3 月 19 日。

便难以行走，在复杂的社会生活中无所适从。前面所介绍的仅是其中的一些例子。

医学专家认为，要预防佝偻病，应该服用钙片，服用维生素 D，多晒太阳，吸收天然的紫外线。

医治心理上的“佝偻病”也需加“钙”——让孩子在实践中，在困难的环境中磨炼自己。但是当今家长往往给孩子的“钙”太少、糖太多——关照太多、保护太多。这是流行于现代家长中的“爱子病”，它使孩子心理上赖以健康成长的精神营养不全，这就是孩子心理上的“佝偻病”的病因。

据某杂志载：上海某小学三年级学生去公园春游。一大早，学校的包车前就挤满了送行的家长们。这个跟老师招呼：“车尾巴太晃，我孙子得坐在前面。”那个叮嘱：“车头和车中间都有危险，我女儿得坐在后边。”一个老太太还亲自上车为孙子选定了座位，好不容易包车启动了，谁知迎面又开来一辆摩托车，一个青年男子手拎食品袋大呼：“我儿子没有熏腿吃不下饭，我是等店门开了买好赶来的。”让人奇怪的是，仍有好几个学生两手空空，什么背包也没有。原来他们自有一批“保驾”的家长在公园里迎候，像“影子部队”一样跟随着班级，手中拎着一大包饮料、午饭……

在我们许多小学，常看到这样的情景，许多家长把孩子送到教室门口，看着孩子进入了教室，仍依依不舍。甚至上课铃响了，还久久地在教室外面徘徊，不肯离去。放学时间还未到就有家长守候在教室周围。还有的推着自行车、骑着摩托车，或坐在小汽车里等在校门口，以致除假日之外，每天这个时候，校门口附近的街道都发生交通阻塞。

高考时更是如此。考场几乎被家长所包围，考场外的家长比考场内的考生还要紧张。考生一出来，家长们连忙围上去，这个递饮料，那个帮擦汗，宛如部下迎接出征回来的将帅。

如果孩子要外出较远的地方接触一下更广阔的世界，父母更是放心不下。一位初二学生面对父母的阻拦抗议道：“难道我永远是一个儿童，一只出不了笼子的小鸟?”

一所幼儿园里，精心准备的亲子活动在一首陈奕迅的歌曲《你的背包》声中结束。筹备者说，我们用“背包”隐喻孩子从出生开始带给父母的责任，带着孩子一路走来，父母们放弃了很多自己的时间，耗费了不少的精力，背着这个满载纪念品、患难、摩擦的“背包”，让它成为自己身体的一部分，而且千金不换！可是，父母们不能永远背着这个背包前行，因为父母们有自己成长的需求和生活的空间，而孩子也必须开始为自己的成长负起责任，否则会像歌中所唱的那样：“你的背包，让我走得好缓慢，总有一天陪着我腐烂。”而歌中最后那一句呼吁：“借了东西为什么不还？”无疑代表了孩子们需要自我成长的呐喊。是的，当孩子跨进小学，父母们就要学着慢慢放下，我们只能陪孩子一阵子，不能陪他们一辈子，他们有自己的成长轨迹和奋斗方向。而作为父母，要开始提升自我，高瞻远瞩地给孩子所需。因为最好的教育，就是用正确的方式去爱孩子！

笼中小鸟永远没有搏击长空的气魄，温室花朵永远没有扎根荒原的能力。原始森林里万木高耸笔直，是由于它们要争取阳光，谁不努力往上长，谁就会被阴影覆盖，永远长不大。“优胜劣汰”的竞争原则使它们竞相长成栋梁之材。

“爱子病”缺的是磨砺

我们的父母都有着育子成才的美好心愿，却又想象栽种盆景那样让孩子永远在自己视线范围之内接受定时定量的水、阳光、养分和定期不定期的剪裁，这是一种非常矛盾的心态。

逆境之所以出人才，是由于逆境给予了人们广泛接收各种社会知识的机会，能够磨炼人的意志，使人获得应付各种困境的才干。

绘画大师徐悲鸿童年时家里没钱让他上学，只能在学校门外放牛。但这一段生活经历却对他以后的苦学成才产生了深远的影响。

朱德同志四五岁时在妈妈身边帮忙做事，到八九岁时不仅能挑会背，还会种地。由于从小受过生活的磨炼，他在后来的漫长革命斗争生涯中才能克服千难万险。朱德认为母亲不仅给了他强健的身体，更给了他勤劳努力和坚强的意志品质，而后者才是世界上最宝贵的财产。

当今中小学生的爷爷奶奶大多是在艰苦的生活环境中度过了自己

的青少年时代，很小就承受了艰苦生活的磨炼：拾稻穗、炼钢铁、支援秋收夏种、“文化大革命”、上山下乡。多灾多难的岁月把他们锤炼成了各条战线的骨干，承担起了改革开放的事业。他们的下一代——当今中小学生的父母们是在改革开放中度过他们的童年时代的。共和国所走过的崎岖道路，所经历的风风雨雨也使他们体验到了时代的变迁。

我们这一代家长和上一代家长都曾经为自己小时候有过的丰富阅历而自豪，都把社会课堂上增长的才干、生活中磨炼出的意志视为难得的精神财富。当前辈在把过去的自己与现在的儿辈、孙辈进行比较时，也感慨后者怎么懂事得那么晚，成熟（指社会经验成熟、心理成熟，而不是性成熟）得那么晚，但是却很少考虑去为孩子早日懂事、早日成熟创造必要的环境条件，甚至有时人为地剥夺了这些条件。例如，家长们没有提供给孩子们自己作出决定或承担责任的机会，即使是孩子力所能及的事情也总是越俎代庖，很少让孩子们自己去做。

一个11岁的五年级小学生在《我都11岁了》的文章中写道：当早晨妈妈照旧把洗脸水打好，给我穿衣服，中午给我端饭、夹菜，晚上又替我铺被时，我真想对妈妈大喊一声：“妈妈，我不是三岁小囡囡，我已经长大了……”

是的，孩子们在盼望自己早日长大。千千万万的家长也盼望自己的孩子早日长大。但是许多家长却无意识地以自己不恰当的行为阻拦了孩子的健康成长。

一位心理学家认为母爱与性爱的根本区别在于：“在性爱中，本是分离的两个人成为一体。在母爱中，本是一体的两个人分离为二。”这句话所蕴含的深刻哲理就是：母爱的最终目的是使孩子脱离自己，成为一个完全独立的人。与母爱的最终目的背道而驰的现代“爱子病”应该及早医治了！

5.3 现代社会与现代素质

据说生命是从最简单的单细胞机体开始的，随着进化的阶梯朝着植物和动物两个方向发展并且越来越复杂，成为高度复杂化的万物之灵的人类，这是约46亿年进化的结果。和生命的进化一样，社会也经历着从简单到复杂的发展过程，社会越是发展到今天就越是复杂。于是我们就想，如果没有适应现代社会的素质，行吗？

复杂社会面前岂止是不及格？

“复杂社会”本身体现着复杂的含义：它是社会分工越来越细和各种联系日益加强；是各种经济、社会、文化活动日益频繁和多样化；是人的思维活动及其成果的爆炸式增长；是人的文化素养、需求、观念的多层次、多类别；是人与人、事与事、人与事等各种关系的日益微妙……如此复杂的现代社会不能不要求它的现代公民具有与其相匹配的现代素质。

20世纪80年代曾有一起拐卖妇女案例：某大学一位在校女研究生在火车上结识了一位姑娘。姑娘自称正去做一笔生意，请女研究生帮一下忙，并允诺事成后可支付一笔可观的报酬，女研究生心动了，便跟着素未谋面的姑娘到了她从未去过的偏僻之乡，结果被拐卖了。此事之所以引起舆论界、政法界、教育界的哗然，并非由于罪犯狡猾的作案手段，而是由于受害者受过如此高层次的教育却只有如此低下的社会生活辨别能力，竟然败在一个仅有小学文化程度的女骗子之手。

还有一位即将毕业的女大学生也被拐卖到穷乡僻壤。买主对她进行囚禁、凌辱、折磨，最后强奸了她。她却从此俯首帖耳，叫改名就改名，让藏匿就藏匿。她说：生米已经煮成了熟饭，反正我这辈子算完了，还能有谁看得起我？我没脸面再见老师和同学们。我不愿让人知道我的真名实姓，我不愿让人知道我是个大学生，我只愿老死在这个没人知道的地方。最可悲的不是她的身体被拐卖了，而是她做人的尊严也被拐卖了。当代高等教育给予了她现代科学文化知识，却没有帮助她塑造起现代文明人的灵魂。

现代社会的复杂性

现代社会的复杂性之一，就表现在它既有鲜花美酒，也有利刃砒霜；既有充满汗臭的真诚，也有披着香艳的狡诈。这就需要人们有对奸邪、陷阱的警醒意识，有对罪恶、阴谋的斗争力量。在诗与画中长大的孩子所缺乏的恰恰是这些。罪恶正是利用了他们的软弱无知而最终得逞。

现代社会的复杂性还表现在它充满了各种激烈竞争：产品竞争、技术竞争、经营竞争、人才竞争、学术竞争……竞争既发生在国家之间，也发生在省市之间；既发生在行业之间，也发生在同行之间；既发生在陌生的对手之间，也发生在手足朋友之间。在竞争中，勇者胜，智者胜，善应变者胜。

现代竞争社会要求具有敢于冒尖的竞争意识，这与传统儒家文化中的中庸之道是格格不入的。它要求有敢于进取、敢于胜利的自信，鄙弃畏首畏尾、安于现状的懦夫品性；它要求有敢于承担风险、敢于负责任的胆略，反对患得患失、优柔寡断的作风；它要求有“异想天开”、“想入非非”的创造才干，厌恶因循守旧、照葫芦画瓢的懒汉哲学；它要求有互相赶超、共同进步的竞争大度，拒绝互相拆台、幸灾乐祸的狭隘心态。一些在顺境中长大的青年人既无胆又无识且无德，因此在竞争面前惶恐、悲伤、怨恨丛生，不知所措。

现代社会的复杂性还表现在它既充满了成功的机遇，又遍布荆棘、失败的泥坑：考场失利、情场变故、家庭不测、疾病缠身、晋职遇阻、升迁不顺、环境变劣、好友反目……谁也无法预料在何时何处会遇到何种打击。现代社会要求它的公民既能经得起成功的喝彩、胜利的鲜花，更要受得住失败的打击、挫折的磨难，要具有坚强、沉稳、冷静、豁达的品格。

受父母过度保护的孩子，从小受挫折的机会少。他们缺乏应付失败、挫折的心理素质，稍有困难便难以承受，其结果或者是自暴自弃或者是怨天尤人，有的甚至轻生自杀。某大学有一男生暗恋一女生，有一天该女生生日，请了几位同学老乡来聚会，但没有邀请该男生。结果该男生爬上六层楼顶往下跳，轻易地结束了自己年轻的生命。还有一位大学生因班委改选未能中选连任班长，感到自己蒙受奇耻大辱便卧轨自杀。在正常人看来的区区小事，却导致了他们的轻生，如此脆弱的神经如何能在现代社会立足？现代社会，人际交往日益频繁，生意洽谈、业务协商、信息交换、情感沟通，从个人生活幸福到事业成败都离不开人际交往。因此现代社会要求其公民热情和蔼，宽容谦让随和，谈吐得体。在家庭小圈子里泡大的孩子，当初入社会遇到要与人打交道时便心生恐惧，头脑嗡嗡作响，宛若恶婆婆面前的小媳妇。还有的人从小在家里被娇顺习惯了，初入社会便不能平等友好待人，不懂得尊重别人，从而成为难以合群的“孤家寡人”。

现代社会既高度分化又高度整合。社会的职能和生产门类分工越来越细，而它们之间的联系也越来越密切，对它们统一协调的要求也越来越高。每一个人在他所处的部门中都具有不可或缺的重要作用，同时每一部门在其所处的系统中也具有不可替代的重要作用。现代社会的完好运转有赖于它的每一个环节，有赖于每一个公民的主动的、创造性的劳动。因此现代社会要求人们具有强烈的社会责任感和公德心。娇生惯养、缺乏磨炼的人只考虑从社会、从他人处获得好处，而极少考虑给社会、他人以奉献。他们的社会责任感和公德心在成长的关键年龄阶段被家庭过多的保护和给予所湮灭了。

社会淘汰物?

八年前，刘宁以近650分的高分考入中国科技大学，成为凉山某县的理科状元。四年前，刘宁大学毕业，却没有找到理想的工作。于是他开始沉迷网络，四处流浪。

马年大年初六的下午，一位好心人发现，一名年轻的流浪汉，已经连续三天晚上躺在西南交大九里堤校区里的长椅上过夜了。他帮忙联系到“流浪汉”的家人——第二天，父亲刘国华从老家赶来，儿子却再次消失了……

在刘国华的记忆中，刘宁毕业后只干过一份仅仅持续几个月的工作。“那是在一家网络游戏公司，做网络销售和客服，干了几个月，他觉得没意思，辞职了。”

刘国华内心焦灼，他难以理解，儿子毕业于名牌大学，本身能力也不弱，怎么会找不到工作?他归因于儿子没有认真找工作。之后，刘国华通过电话询问儿子找工作的情况，但每次得到的答复都是“正在找”。

“儿子留给他的美好回忆似乎只剩下大学前优异的成绩。每年，他最享受的时刻，就是开家长会时。每个老师都表扬他，谁见了都羡慕。”让刘国华最引以为自豪的是2006年，刘宁以近650分的高分，成为该县的理科状元，并顺利地被中国科技大学电子科学与技术专业录取。其子所读的中学还因此作了一块很大的广告牌来宣传这件事。[①]

有文章对此评论道：

坏就坏在“成功”上了。成功早没事，就怕成功不可持续，高考状元的成功最多也就是能进一个好高校，离社会上的成功还有万里之遥，而且这个成功有一个单纯的环境：“你只要好好学习，什么都不用你操心。”这是很多父母对孩子们营造的成功环境。

……工作很难找，江湖要挨刀，不少大学生在松松垮垮的校园里又回到了“哺乳期”，不愿意长大，宁愿宅着，最好是打着游戏，而不愿意面对现实。有状元资历的刘宁更是如此，智商高情商低，一路考来人情世故皆不知，在“单纯”的网游世界里可以“带领伙伴们过关斩将”，充满了成就感，而且能找到当年的状元的荣耀，但只要跨出网吧的大门就彻底茫然了。

……刘宁的父母很可怜，但是可怜之人也一定有可恨之处——现在很多家长真的不知道该如何做父母了。[②]

短视的家长，其喜怒哀乐尽在孩子的学业上，可是孩子的“适应能力弱”最终使他们收获了“教儿不善”的苦果。难道他们最后培养的不是社会适应性差而被淘汰的下一代吗？

相传曾经是地球上庞然大物的恐龙，就是由于不适应环境的巨大变迁而最后灭绝的。当人们站在它留给自然界最后的遗迹——恐龙化石面前时，不会责怪环境的变化无情，而是感叹恐龙的无能。我们的家长绝不会愿意他们的子女被现代社会所淘汰。那么，请注意从小就给他们加“钙”吧！不要怕让他们受苦、受惊吓、受欺骗等挫折，当他们能够勇敢

---

① 胡挺、施斌、饶颖：《理科状元中科大毕业四年未找到工作　流浪街头》，成都商报微博，2014年2月11日。

② 锐圆：《理科状元何以如此潦倒》，《南方都市报》，2014年2月12日。

地从这些坑坑洼洼中走过来时，便是一个具有较好素质的现代公民了。

5.4 皇帝与公民

皇帝是封建朝代权力至高无上的人。他前呼后拥，一呼百应。皇帝金口一开就是圣旨，别人就得照做不误，如有冒犯，便死罪临头。但皇帝也是生活能力最差的人，从穿衣戴帽到吃饭睡觉都要有人照料，离开了宫人的照料便无法生活。

“小皇帝”是怎么形成的?

现在，皇帝已成为了遥远的历史，但是从20世纪80年代开始，人们在“皇帝”面前冠以一个“小”字，用来称呼当时的独生子女。这一称呼传神地刻画了独生子女在家庭中的地位：一呼百应，要什么有什么，全家人围着他转，稍不顺心意便大吵大闹。这反映了独生子女极强的依赖性与极差的生活能力——从早上起床到晚上上床，许多事情都得家长亲自照料。

历史发展到了今天，何以又形成了新一代“小皇帝”?

中国末代皇帝溥仪在他的回忆录《我的前半生》中详细地回顾了他如何从一个天真烂漫、与常人无异的小孩成长为高坐龙椅的皇帝，又如何从四体不勤、叱咤风云的皇帝成为自食其力、奉公守法的普通公民的历程。

刚坐上皇位的溥仪并不懂得皇帝的含义，也没有想要当皇帝，他是由别人抱着坐上皇位的。在众大臣跪拜之时，他还吓得尿湿了裤子。他不懂得皇帝的权力有多大，也不懂得皇室的规矩，当他和仆人的孩子玩耍并滚成一团时，照料他的太监吓坏了连忙阻拦，因为他们认为这有失皇帝的身份。他的皇帝意识、皇帝行为是在周围环境中逐渐形成的。

20世纪80年代，在中国大陆形成的“小皇帝”现象不也是这样由家长和围绕着他的人所造成的吗?

婴儿刚刚来到这个世界上时，并不清楚也未意识到自己将成为家庭的中心人物。他的啼哭在开始时仅仅具有这样的生物学意义：引起大人的注意，以便得到大人的及时帮助。这时他们那嫩小的躯体确实无法独立地进行各种活动。但是当他们会说会走并逐渐懂事，大人还是对他的哭闹作出退让、迁就时，他们便认识到了自己在家庭中的重要性，也懂得了自己哭闹的重要作用，懂得了运用自己最有力的武器。比如有的孩子在自己向父母提出的要求得不到满足时，便以不吃饭、不上学来要挟。家长继而无原则地迁让，进一步强化了孩子唯我独尊的心态。于是儿童便被推上了“小皇帝”的宝座。

还有更多的家长望子成龙、望女成凤心切，他们给儿女唯一的任务是看书、学习，而剥夺了他们从事其他活动的权利和机会：不让他们干家务活、不让他们接触社会。一个中学生说：“升入初三以后，我简直成了国宝大熊猫，成了家里的重点保护对象，一切家务活都不让我干，一切好吃的都给我。”这样培养出来的孩子虽然在学习成绩上分数很高，但这弥补得了他们自理能力和社会适应能力低下、现代素质差这一缺失吗?

被“小皇帝”者的公民心愿

我们的孩子也并不都愿意成为“小皇帝”，也并不都甘心成为只会“之乎者也”，不懂黍、稷、稻、麦、菽的书呆子。正如一切种子都会竭力冲开压在头上的泥土，向蓝天舒展它们的枝叶一样，孩子们向前发展的力量也促使他们迫切希望不仅要向书本学习，还要向生活学习，向社会学习。这时，家长们应该认真听听他们的心声。

有人曾对两所小学100名四至六年级的小学生（其中独生子女63名）进行过问卷调查，发现其中有31%的学生希望家长能让他们做一些力所能及的事情。一个四年级学生写道：“家长不要把我当成家里的‘小皇帝’，不要对我太娇惯了，希望指导我做些力所能及的事情。”

一个14岁的中学生说：“我希望老师、父母以及社会不要太娇惯我们了，让我们帮你们干些活吧!”一个18岁的中学生提出：“家长要尽量让孩子做些力所能及的事，不要在孩子想要从事某种劳动时，却极力反对，只让孩子一个劲地学习。”

孩子们的心愿反映了他们随着年龄的增长而发展起来的自理自立意识。一个15岁的中学生说：“我觉得自己一天一天地长大，不能事事都依靠父母。只要我自己有时间，能帮家长干的就会干一点，比如洗衣服，还可以锻炼自己独立生活的能力。”如果父母在他们自立心理发展的关键时期一味地采取压制和束缚的态度，那他们以后就真的难以在社会上自立了。

孩子们的心愿还反映了他们对丰富多彩的成人生活充满好奇、向往的天性。一个高二学生说:“做饭、收拾房间、买菜是很好玩的事情。例如，买菜可以上街，可以看到各种事物，得到精神上的某种享受，还能体验到课堂上没有的乐趣。”正是这种天性促使他们向生活学习，向实践学习，为未来走向独立生活、走向社会打下必要的知识、技能基础。但是如果父母剥夺了他们这种天性得以舒展的机会，日后他们产生社会适应困难的问题将会是难免的。

去年暑假，一位中国朋友把自己13岁的儿子送到了澳大利亚珀斯的朋友玛丽家，说要让儿子见见世面，请玛丽照顾一下。因此，玛丽就开始了她对一位未成年男孩的“照顾”。

刚从机场接回男孩，玛丽就对他说了一番话：“我是你爸爸的朋友，在澳洲一个月的暑期生活，你爸爸托我照顾你，但我要告诉你的是，我对照顾你的生活并不负有责任，因为我不欠你爸爸的，他也不欠我的，所以我们之间是平等的。你13岁了，基本生活能力都有了，所以从明天起，你要自己按时起床，我不负责叫你；起床后，你要自己做早餐吃，因为我要去工作，不可能替你做早餐；吃完后你得自己把盘子和碗清洗干净，因为我不负责替你洗碗，那不是我的责任；洗衣房在那里，你的衣服要自己去洗。另外，这里有一张城市地图和公共汽车的时间表，你自己看好地方决定要去哪里玩，我有时间就带你去，但若没时间的话，你要弄清楚路线和车程，可以自己去玩。总之，你要尽量自己解决自己的生活问题。因为我有我自己的事情要做，希望你的到来不会给我增添麻烦。”

13岁的小男孩听着玛丽的一番言语，心中肯定是有所触动的。因为在北京的家里，他的一切生活都由爸爸妈妈全面负责。最后，当玛丽问他听明白了没有的时候，他说：“听明白了。”是啊，这个阿姨说得没错，她不欠爸爸的，更不欠自己的，自己已经13岁了，是个大孩子了，已经能做很多事情了，可以自己解决早餐，自己出门，也可以独立地去自己喜欢的地方。

一个月之后，他回到了北京的家。家人惊讶地发现，这个孩子变了，变得什么都会做，他会管理自己的一切：起床后会叠被子，吃饭后会洗碗筷，清扫屋子，会使用洗衣机，会按时睡觉，对人也变得有礼貌了……

无须惊讶，方法简单得很。这个真实故事告诉我们，面对孩子自立的天性，家长是给予其成长的机会还是要剥夺它？这正是成功家长与失败家长的区别。而外国家长往往倾向于前者。

成为现代社会合格公民的路展现在每一位儿童面前，但是成为“小皇帝”的危险也随时威胁着他们。如果家长们能清醒地意识到这危险不是来自其他不可预测和不可控制的因素，而恰恰是来自他们自身，那么这危险也就消除了一大半。

未知世界在向人们招手，你是否能为未来培养出一个合格的公民？每一位家长都应以高度的时代责任感回答这一问题。

下编 解在何方

6 古今中外家教谈

古今中外，总有那么一些人在家教方面作出、说出或写出令人深受启迪和值得学习的事迹，他们的故事或言辞凝聚成一种文化，使美好的家教得以传承。

6.1 国人的家教

中国历史悠久，五千年历史中重视教育的传统流传着众多家教的轶事美谈。走向复兴的中国，前提和基础是走向兴旺的家庭，“国家”永远使国和家连在一起。

曾参杀猪画葫芦

千百年来，人们盛传着“曾子杀猪”的故事。曾参是孔子的学生。他强调做人要诚信。他也是以这一原则对待和教育自己的孩子的。相传有一天，曾参的妻了要上街，可是小儿子拉着她的衣襟，哭哭闹闹，要跟着去。曾参的妻子被缠得没办法，便随口哄孩子说：“你留在家里，妈妈回来杀猪给你吃。”孩子被哄回去了。曾参的妻子从街上回来时，只见曾参拿着绳子在捆猪，旁边还放着雪亮的尖刀，准备杀猪。其妻子赶忙上前制止说：“我刚才是和孩子说着玩的，并不是真的要杀猪呀!”曾参说：“孩子是不能欺骗的。孩子小，什么都不懂，只会学父母的样子，听父母的话。今大你说话不算数，骗了孩子，就是在教孩子学说谎。再说，母亲骗了孩子，孩子觉得母亲的话不可靠，以后再对他进行教育，他就不容易相信了。这样做，对家教是很不利的。”结果，他说服了妻子，杀猪教子，以践前言。

宋代的陶谷写过一首诗：“官职须由生处有，才能不管用时先，堪笑翰林陶学士，年年依样画葫芦。”“依样画葫芦”本是宋太祖引用俗语对陶谷才能的评价，比喻依样模仿，缺乏创新。它含有贬义。然而，对于成长中的青少年儿童来说，“依样画葫芦”是极其重要的学习方法。他们主要依靠这种方法，获得人类千百年来所积累起来的知识、经验、生活习俗和行为方式，并逐步走向成熟。

也许曾参不会绘画，也不会在画中画出葫芦。但从依样画葫芦比喻的典型示范作用来说，他是用自己的行动为后人作出了家庭教育的典范。难怪这一简短的故事流传至今。

人生是一个由不知到知、从知之不多到知之甚多、从幼稚到成熟的过程。当人呱呱坠地，来到人世间时，他还只是一张白纸。这就是成长着的人的一个重要特点：可塑性强。

可塑性强这一特点，使社会学习理论揭示的模仿，作为学习过程的一种机制成为可能，并对儿童的行为起着重要作用。所有的人，特别是儿童，都有模仿他人行为的强烈倾向。人们之所以学会某种社会态度和行为，常常是他们简单地观察模仿了典型角色的态度和行为所造成的结果。幼儿牙牙学语，跟“鹦鹉学舌”没有两样。幼儿最初学会的表情动作，也是跟着大人“依样画葫芦”的结果。夸美纽斯曾经说过：“因为孩子们是和猿猴一样的，爱去模仿他们所见的一切，不管是好是坏，甚至没有吩咐他们去做，也是一样。因为这个缘故，所以他们在学会运用他们的心理以前，就先学会了模仿。”这种特性并非婴儿所独具，即使是青少年儿童也是如此，甚至成人也未能完全抛弃这种人生获得最初发展的学习手段。车尔尼雪夫斯基指出：“就是十五岁的少年也有力求模仿长辈亲属和年长的朋友的事例。可见关于大多数的人，甚至于接近成人的人，我们肯定地说，他们的发展取决于长辈的品质。”

于是，在环境和教育的影响下，孩子通过自身的努力，在洁白的纸上描绘各种图案，涂抹上各种颜色，形成了独具特色的画卷。这就是人生的学习过程。人生的第一声啼哭都是相似的，为什么长大之后，由于心态不同而各具特性，表现出迥异的风格呢？这是内外因共同作用的结果。可塑性强使家教采用榜样的示范作用成为可能，而家长理所当然地成为子女的第一任老师。

他们的家训

在历史悠久的中华民族大家庭中，堪称模范父母的数不胜数，仅以书本文字流传于世并成为美谈的，《颜氏家训》就是其中一例。

颜之推是南北朝时隋初著名的文学家、思想家和教育家，其家庭教育思想都体现在他的《颜氏家训》这一著作当中。《颜氏家训》的主要内容是用儒家思想教育子孙，被后世称为“家教规范”。

颜之推重视子女在结交的良师益友中互相学习，但他认为一定要谨慎，以防误入歧途。因为处在幼小时期的儿童可塑性更强，生活的环境或者是交往的人，都会影响到他们将来成为什么样的人。所以他说：“与善人居，如入芝兰之室，久而自芳也；与恶人居，如入鲍鱼之室，久而自臭也。墨子悲于染丝，是之谓矣。君子必慎交游焉。”

颜之推认为，长辈不能只是说教，更重要的是要以身作则，营造出子女成长的良好家庭环境。他指出：“夫风化者，自上而行于下者也，自先而施于后者也。是以父不慈子不孝，兄不友则弟不恭。”叮嘱长辈要给晚辈做好榜样。

在“万般皆下品，唯有读书高”这种观念盛行的时代，家训必然会大讲学习。颜之推在其《勉学》篇中，特别强调学习必须讲求实用，而不是装点门面。学习是为了提高处理实际事物的能力，如能断案、善治民、懂得造屋、种田等。①

曾经的历史教育中，曾国藩被当作“坏人”来定义，因为他组建和领导的“湘军”镇压过“太平天国”农民运动。而“太平天国”是要推翻清政府的农民起义，是“好人”。于是，在非好即坏的二元思维

① 陈朝晖：《〈教育漫谈〉与〈颜氏家训〉中家庭教育思想的比较》，《沈阳教育学院学报》，2005年第3期。

年代，曾国藩被全盘否定了。

但对这位毁誉参半、褒贬不一、极具争议的晚清人物，无论欣赏他的人还是鄙视他的人都对他的家书推崇备至，他的家书记录着一位父亲应该持有的家教作风。正是这种家教，使“富不过三代”的规律在其身上失效了，其后代子孙中成为名人的不少。他们绝不会像当今的“官二代”、“富二代”那样在到处惹祸生非之后，还无耻地拼爹说“我的父亲是曾国藩”。

毛泽东一生最钦佩的人就是曾国藩。曾国藩能在慈禧时期官至翰林一品，得益于他一生谨慎做人，操守严格，坚持修身、齐家、治国、平天下的理念，遇事沉着冷静以及坚韧不拔的品德修养。传说曾国藩是三角眼，即使沉默不语，也不怒而威，常令拜访他的人不敢直视，以免自爆内心深处的秘密。这似乎有点神秘，但对于子孙后代，他确是看“三眼”就知其人。

第一看：看子孙睡到几点，假如睡到太阳都已经升得很高的时候才起床，那代表这个家族会慢慢懈怠下来。那时候没有电视、影像音响，也没有影院舞厅等夜生活之场所。于是是否勤快，就看是否“闻鸡起舞”了。曾国藩在其家训尊崇“勤”而“有恒”、“立志”，指出“勤字功夫，第一贵早起，第二贵有恒；凡将相无种，圣贤豪杰无种，只要人肯立志，都可以做得到的”。①

第二看：看子孙有没有做家务，因为勤劳、劳动的习惯会影响一个人一辈子。曾国藩要求道：“子侄除读书外，教之扫屋、抹桌凳、收粪、锄草，是极好之事，切不可以为有损架子而不为也。家中养鱼、养狗、种竹、种蔬四事，皆不可忽。一则上接祖父以来相承之家风，二则望其外有一种生气，登其庭有一种旺气。”②

第三看：看后代子孙有没有读圣贤的经典，“人不学，不知义”。对于学习，他教导子孙“盖士人读书，第一要有志，第二要有识，第三要有恒。有志则不甘为下流，有识则知学问无尽，不能以一得自足，

---

① 引自同治二年十二月十四日《谕纪瑞》。

② 引自《曾国藩心述手记》，第169页。

有恒则断无不成之事。此三者缺一不可”。①

曾国藩把对子女的要求归结为三乐八德：“三乐：勤劳而且憩息，一乐也；至淡以消嫉妒之心，二乐也；读书声出金石，三乐也。八德：勤、俭、刚、明、忠、恕、谦、浑。”②

梁氏的“光宗耀祖”

梁启超与康有为一起领导了史称为百日维新的“戊戌变法”。如果不是遭到以慈禧太后为首的守旧派的强烈反对，“戊戌变法”将使中国在向现代化迈进的路途中少走许多弯路。

关于梁启超的美谈很多。童年的梁启超就聪颖过人，才思敏捷。梁启超五岁时开始读“四书”、“五经”，“八岁学为文，九岁能缀千言”，十二岁考中首榜第一名秀才，被乡人称为“神童”。成年后，他师从康有为，写书办报，参加各种社会活动，成为资产阶级改良运动的宣传家。

梁家出了这样的伟人，令现代家长们羡慕不已。尤其使现代家长佩服的是梁启超的家教。梁启超把乐观纯真、与时俱进的性格特征渗入到了家庭教育之中，用自己的人格魅力影响着子女们的成长。家庭中他是孩子们的朋友，在日常生活中潜移默化地培养孩子平等自由的观念。爱国是梁启超家庭教育的核心。他常给子女讲述历史上民族英雄的爱国故事，培养子女对祖国的深厚情感。他鼓励孩子出国深造，为他们后来成为各自领域内学贯中西、有所建树的专家学者打下了坚实的基础。当时他的孩子们完全有条件进入西方上流社会，但是在父亲的教育下，他们没有定居国外而是全部学成回国，与祖国同呼吸共命运。其九个子女中，长子梁思成，是著名建筑学家；次子梁思永，著名考古学家，此两人都是台湾“中央研究院”首届院士；五子梁思礼，是著名火箭控制系统专家、中国科学院院士。

在子女道德的培养上，梁启超以自己的高尚情操为子女树立了光辉的榜样，他教育子女在苦难的环境中磨炼自己的品格和意志，“生当

① 引自《曾国藩家书》，第16页
② 引自《曾国藩心述手记》，第230页。

乱世，要吃得苦，才能站得住。一个人在物质上的享用，只要能维持生命也就够了；至于快乐与否，完全不在于拥有多少物质。能在困苦中求得快乐，才是真的快乐。”

教育的“光宗耀祖”和“造福社会”结合在一起了。有人对梁启超关于教育“做人”的言辞作了收录，其中不乏我们曾经琅琅上口的教诲。要子女成人成才的父亲啊，请记住：

少年智则国智，少年富则国富，少年强则国强，少年独立则国独立，少年自由则国自由，少年进步则国进步，少年胜于欧洲则国胜于欧洲，少年雄于地球则国雄于地球。

人生须知负责任的苦处，才能知道尽责任的乐趣。

患难困苦，是磨炼人格之最高学校。

我们一面要养成读书心细的习惯，一面要养成读书眼快的习惯。心不细则毫无所得，等于白读；眼不快则时间不够用，不能博览资料。

自信与骄傲有异；自信者常沉着，而骄傲者常浮扬。

傅雷家书抵万金

唐代的诗人杜甫在《春望》中以“烽火连三月，家书抵万金”的名句来赞誉家书的宝贵。在那个电话、手机远没有发明的年代，家书是联系父母与子女间唯一的途径，也是开展家庭教育的重要方式。

《傅雷家书》是我国文学艺术翻译家傅雷及夫人在1954—1966年间写给孩子傅聪、傅敏的家信摘编，写信者从未想到这充满着父爱的教子名篇，日后竟成为青年思想修养读物和素质教育的经典范本。傅雷及夫人苦心孤诣、呕心沥血地培养两个孩子（傅聪——著名钢琴大师、傅敏——英语特级教师），先做人、后成“家”，因此傅雷夫妇也成为中国父母的学习典范。

一九五四年一月十八日晚

孩子，你这一次真是“一天到晚堆着笑脸”！教人怎舍得！老想到五三年正月的事，我良心上的责备简直消释不了。孩子，我虐待了你，我永远对不起你，我永远补赎不了这种罪过！这些念头整整一天没离开过我的头脑，只是不敢向妈妈说。人生做错了一件事，良心就永远不得安宁！真的，巴尔扎克说得好：有些罪过只能补赎，不能洗刷！①

这是傅雷在傅聪到波兰参加第五届肖邦钢琴比赛并留学时全家人到上海火车站送行后第二天傅雷写的。信中，傅雷一直向儿子承认自己的错误和坦陈良心，始终保持的是一种平等对话的态度，展现的父爱是平等的。在与儿子们的通信中，对话式的平等互动关系展现了现代父母在子女面前的应有态度。

这种平等体现在傅雷不直接训导儿子和给他现成的指令性的答案，而是启发孩子去体验和讨论日常生活中的一些问题，从而培养儿子们的独立人格。这种启发式教育是一种直面困难的体验式经验传授，可以使孩子直面困难、启迪智慧。

有许多人购买了《傅雷家书》的名言摘录，在网上广泛传播，它能激发人的正能量。一般的家长说不出名言也写不出警句，但可以从学习中得到启发并参照执行。

真的，巴尔扎克说得好：有些罪过只能补赎，不能洗刷！

在公共团体中，忙于工作而妨碍学习是免不了的。这一点我早预料到了。一切只有你自己用坚定的意志和立场向领导婉转而有力地去争取。

自己责备自己而没有行动表现，我是最不赞成的！

只有事实才能证明你的心意，只有行动才能表明你的心迹。

辛酸的眼泪是培养你心灵的酒浆。

得失成败尽量置之度外，只求竭尽所能，无愧于心。

人一辈子都在高潮——低潮中浮沉。惟有庸碌的人生活才如一潭死水；或者要有极高的修养，方能廓然无累，真正解脱。

太阳太强烈，会把五谷晒焦；雨水太猛，也会淹死庄稼。

---

① 傅雷：《傅雷家书》，北京：生活·读书·新知三联书店1981年版，第1页。

一个人惟有敢于正视现实，正视错误，用理智分析，彻底感悟，才不至于被回忆侵蚀。

最折磨人的不是脑力劳动，也不是体力劳动，而是操心。

多思考人生问题、宇宙问题。把个人看得渺小一些。那么自然会减少患得患失之心。结果身心反而会舒泰，工作反而会顺利。

《傅雷家书》问世以来的发行量累计已超过110万册，这足以证明其影响之大。它对人们的道德、思想、情操、文化修养的启迪作用既深且远，也是一本充满着父爱的苦心孤诣、呕心沥血的教子经典。

俞敏洪的家教秘密

俞敏洪作为新东方的掌门人，是许多现代青年崇拜的偶像，但俞敏洪靠的不是分数，而是勤奋。其母亲从小给他灌输的理想——长大后一定要当个先生，激励着他连续三年参加高考，最终考上北京大学。在北京大学毕业的时候，全班50个同学，他是倒数第五名，但成绩并没有阻碍他做成自己的事业。

俞敏洪的农民父母都不识字，但在当地人缘极好，俞敏洪从小耳濡目染，养成了善于与人分享、乐于助人的品质。他认为正是由于自己身上的这种品格，在创立新东方时才能把一批人才团结在自己的周围，“他们的理由只有一个：俞敏洪在我们心中一直是一个好人”。

于是他感慨道：家庭教育是否成功，其实与父母本人的知识结构没有任何关系，主要在于父母给孩子传递什么样的价值观。网上传遍他谈论家教的秘密言论：

孩子的成长有很多标准，比如说人品是否高洁是一个标准，个性是否健康是一个标准，做事是否有创造力、想象力是一个标准，有没有吃苦精神、有没有勤奋精神是一个标准，有没有摔倒在地上敢于爬起来的精神也是一个标准。中国现在的社会，把成功限定在一个特别狭小的范围之内，对孩子们来说考高分，成绩好就是标准。我们中国的成人世界里从不以一个人拥有多少真心朋友作为成功的一个标准，我们成人世界里的标准就是这个人有钱，有地位，有财富。

我自己深深地陷入到这样的痛苦之中，许多人见到我后对我说的第一句话是："俞老师，你现在也进入中国富豪榜了！"没有人会说："俞老师，你的人品不错。"第二句是："你作为新东方的掌门人，新东方很赚钱啊。"假如说有一天新东方倒闭了，我一分钱都没有了，还有人认为我是一个成功者吗？如果我成了一个身无分文，必须靠自己的力气赚钱的人时，还会有人过来告诉我："俞老师，你真是一个了不起的人物。"那时候我才觉得这个人是我真正的朋友，真正认可了我的成功。

我本人认为自己是一个成功者，不是因为我有新东方，我赚了钱，而是我有一个做人的基本准则，我始终认为我是一个善良的人，我是一个心中没有邪恶念头的人，从小到大，我没有做过一件伤害别人的事情。

我成功的第二点，在于我非常愿意去帮助别人。我从小就特别热爱劳动，我干农活，干家务活，我在14岁的时候，就获得了我们县里的插秧冠军，17岁时，我是县里优秀的手扶拖拉机手，我父母的勤劳带动了我的勤劳。我从小学一年级起就一直打扫教室卫生。到了北大以后我养成了一个习惯，每天为宿舍打扫卫生，这一打扫就干了四年。所以我们宿舍从来没排过卫生值日表。大家看我打水习惯了，最后还出现这样一种情况，有的时候我忘了打水，同学就说："俞敏洪怎么还不去打水？"但是我并不觉得打水是一件多么吃亏的事情，因为大家都是同学，互相帮助是理所当然的。1995年，新东方已经做到了一定规模，我希望找合作者，就跑到了美国和加拿大去寻找我的那些同学。那时我为了诱惑他们回来特意换了一大把美元，每天在美国非常大方地花钱，想大概这样就能让他们回来。后来他们回来了，但是给了我一个十分意外的理由。他们说："俞敏洪，我们回来是冲着你过去为我们扫了4年的地，打了4年水。"他们说："我们知道，你有这样的一种精神，所以你有饭吃肯定不会给我们粥喝。"这些人的加入奠定了新东方发展的基础，新东方才会不断地做大，做成美国的上市公司，做成了今天的规模。

我的父母是不认字的，但是父母身上的优点却使我耳濡目染，成为我做人的准则。我父亲是个木工，架大梁的，是我们那方圆15里的专家。我父亲一高兴就可以不要工钱。因为往家拿不回钱，我母亲就跟我父亲打架，我父亲长得很壮，我母亲很瘦小，结果每次都是我母亲打我父亲，父亲从来不还手。我从父亲那里学到，不管别人说什么，他都特别的无所谓，任何时候都不伤害我的母亲。

我母亲教给我的，要乐于助人。我八九岁时，有一次下大暴雨，家家户户都晒着玉米，我母亲带着我姐姐、我和我父亲，我们一家四口人一起把邻居家的稻谷全都收回去了，等到要收我们家的稻谷时发现那些稻谷已经被淋湿了。当时我很不理解，母亲就给我讲了两点，首先，别人有困难的时候你就要去帮助人家，他们家里没有人，如果我们不帮他们收，他们家一年的粮食就会淋湿。其次，如果邻居之间相处得不好，是不可能在遇到困难的时候互相帮助的。我母亲用实际行动告诉了我“远亲不如近邻”这句话。第二件事情，有一年粮食歉收，我们家就剩下不到20斤的粮食，母亲居然分出一半的粮食送到邻居家，当时我很不愿意，而母亲却说：“没事，我们家人少，还可以用菜掺着米吃，邻居家人多又没有米，不分给他们米会有人被饿死的。”到现在，我母亲都是我们村最受尊敬的人。

6.2 外国家教的“怎么办”

外国人喜欢通过研究来用数据和事实说话，做到有理有据。那我们就来看看这种理据。

在美国，有两个家族都已繁衍了八代子孙。一个家族的始祖是200年前康涅狄格州德高望重的著名哲学家嘉纳塞·爱德华。由于他重视子女的教育，并代代相传，在他的八代子孙中共出了1位副总统、1位外交官、13位大学院长、103位大学教授、60位医生、20多位议员……在长达两个世纪中，没有一人被关、被捕、被判刑。另一个家族的始祖是200年纽约州的马克斯·莱克，他是个臭名昭著的赌棍加酒鬼，开设赌馆，对子女教育不闻不问。在他们八代子孙中有7个杀人犯、65 个盗窃犯、324 个乞丐，因狂饮死亡或成为残废者的有 400 多人。

这两个家族的八代家族史，告诉我们家庭是子女的第一所“学校”，父母是孩子的第一位“老师”。①

那么外国的家庭教育给了我们什么样的启示呢？

卢梭谈家教

西方伟大的启蒙思想家、哲学家和文学家卢梭的著作《爱弥儿》于 1762 年第一次在荷兰的阿姆斯特丹出版，出版后轰动了整个法国和西欧的一些资产阶级国家，影响巨大。这部书不仅是卢梭论述资产阶级教育的专著，而且是他阐述资产阶级社会政治思想的名著。它是西方第一部完整的教育哲学小说。其中有一些关于教育子女的忠告，令当今家长读罢仍然振聋发聩。

卢梭认为父母对自己的孩子负有不可推卸的教养责任。他说：“真正的保姆是母亲，真正的教师便是父亲。愿他们在尽责任的先后和采取怎样的做法方面配合一致。”对那些以工作忙为借口，放弃对孩子管教责任的父母，卢梭严厉地批评道：“你以为用钱就可以给你的儿子找到一个父亲吗？你不要犯这样的错误了，你给你的孩子雇来的这个人，甚至不能说是教师，他是一个奴仆。他不久就将把你的儿子培养成第二个奴仆。”②

对于迫切希望孩子早日“成才”的“起跑线”之说，卢梭早就有异议。他不赞成当时法国社会上对儿童教育崇尚速效的方法。他说：“由于大家不愿意把孩子教育成孩子，而要把他教育成一个博士，所以做父亲和做教师的不论骂他、夸他、吓他、教他、改他的缺点、答应给他东西和对他讲道理都操之过急，做得不是时候。”结果只能“造成

① 佚名：《美国八代发家史的成功家庭教育案例》，中国学前网，2009 年 10 月 6 日，http：//www.06edu.net。

② 关于卢梭的引文均来自金波、孙烨：《浅说卢梭的家庭教育思想》，《苏州大学学报》（哲学社会科学版），1989 年第 1 期。

一些年纪轻轻的博士和老态龙钟的儿童”。适应儿童年龄特征，符合自然发展进程，循序渐进，是家庭教育必须遵循的原则。

对于把溺爱作为关爱的家长，卢梭说：“当一个妇女不是不给孩子以母亲的关心而是过于关心的时候，她也可以从一条相反的道路脱离自然。这时候，她把她的孩子造成为她的偶像，她为了防止孩子感觉到自己的娇弱，却把孩子养得愈来愈娇弱，她希望他不遭受自然法则的危害，于是使他远离种种痛苦，可是没有想到由于她一时使他少受一些折磨，却在遥远的将来把那么多的灾难和危险积累在他的身上，没有想到这种谨小慎微的做法是多么残酷，它将使幼小时期的娇弱继续延长，到成人时受不住种种劳苦。”溺爱便成了祸害。

美国人教育孩子的黄金法则

不同的文化背景，有不同的教育方式。天下所有的父母都疼爱自己的孩子，没有不盼望子女以后有出息的。但不同的疼爱方式、不同的教育方法，必导致不同的效果。“他山之石，可以攻玉”，于是有人根据美国人教育孩子的成功经验，总结出22条黄金法则。①

一是归属法则：给孩子一个健康的成长环境。它包括孩子学会乐观的快乐环境；孩子学会主动争取的进取环境；孩子体会到快乐的分享环境；孩子学会友善的关爱环境。

二是希望法则：永远让孩子看到希望。让孩子从小拥有伟大的梦想，引导孩子制订前进的计划并一步步接近目标，让孩子在走向目标中即使遇到困难，也要保持希望。

三是力量法则：父母要学会要以理服人。父母不是权威而是朋友，以理服人，摒弃棍棒和呵斥；学会引导孩子，必要时也要敢于批评孩子。

四是声音法则：做一个善于倾听的家长，倾听孩子的声音，和孩子良好地沟通，做孩子信赖的人。

---

① 巴文丽：《美国人教育孩子的22条黄金法则》，北京：朝华出版社2010年版。

五是换位法则：学会站在孩子的角度上思考。站在孩子的角度上思考，保持一颗童心，了解孩子的所作所为；不要替孩子拿主意，不在孩子面前唠叨。

六是管理法则：在孩子成年前，管束是父母的责任。对孩子管束要宽严有度，不要溺爱；用积极向上的纪律约束孩子。

七是激励法则：给孩子的油箱加满油。鼓励每一次进步，不要太在意最终的成就，不要过分鼓励孩子；给孩子适当的奖励。

八是兴趣法则：点亮孩子学习和生活的兴趣。兴趣是孩子最好的老师，要正确培养和保持孩子的兴趣；正确对待孩子充满各种兴趣的提问。

九是榜样法则：言传身教的榜样作用是巨大的。家长要注重言传身教；让孩子向优秀生学习，取长补短；为孩子选准榜样，让他从青春偶像中走出来。

十是独立法则：让孩子学会自己成长。想让孩子独立，就要帮他克服依赖的习惯，进行自我管理；让孩子独立思考，自己拿主意，为自己的行为负责。

十一是竞争法则：帮助孩子在同类人的竞争中成长。让孩子知道，任何角落都充满竞争；善用激将法，让孩子积极表现自己；把握竞争尺度，给孩子的好胜性格降降温。

十二是挑战法则：培养孩子战胜挫折的能力。面对挫折，不要让孩子止步不前，而要提高孩子的抗挫能力；让孩子充满做事的热情；增强孩子的意志力。

十三是合作法则：教会孩子与人合作。让孩子懂得与人合作才能双赢，远离合作的大敌——嫉妒；让孩子懂得尊重他人，善于听取别人的意见。

十四是反省法则：反省可以让孩子每天都取得进步。让孩子养成自我反省的习惯，学会接受批评，总结经验，吸取教训。

十五是惩罚法则：适当的惩罚也是一种爱。惩罚孩子要掌握分寸，别把孩子当“出气筒”；对待不认错的孩子可以进行“冷处理”。

十六是美德法则：教育孩子从小了解品德的力量。让孩子学会感恩而更快乐；宽容他人而更豁达；以谦逊之心赢得尊重；建立对人诚信的立人之本。

十七是理财法则：教育孩子从小学会创造财富，而不是大手大脚地消费财富。

十八是阳光法则：乐观和积极是保证孩子走向成功的关键，也是孩子享受幸福的法宝。

十九是求同存异法则：尊重孩子对世界的看法，并尽量理解他们。学会包容，把各种冲突化解在“文明”的一笑中，实现家庭与社会的文明和谐。

二十是二十码法则：尊重孩子的独立倾向，与其保持一定的距离，远远地守望在可能招致危险的边缘以便及时发出警报就行了。

二十一是独一无二法则：帮助孩子建立无比强大的自信，无须比较是赢在起跑线还是终点线。有了自信，相信自己会战胜自己的过去，从而不断前进。

二十二是4W法则：任何时候都要了解孩子跟谁（Who）在一起，在什么地方（Where），在干什么（What），什么时候回家（When），从而对孩子的安全和成长负责。

其实这些堪称“他山之石”的培养小孩的黄金法则，在国人的家教传统中也可见到部分影子。作为“黄金”的资源，它来自全人类，既是家长培养孩子的法宝，也是提升自己为人处世能力的要素。

美国孩子的家务清单[①]

哈佛大学学者曾经做过一项调查研究，得出一个惊人的结论：爱干家务的孩子和不爱干家务的孩子，成年之后的就业率为15∶1，犯罪率是1∶10。另有专家指出，在孩子的成长过程中，家务劳动与孩子的动作技能、认知能力的发展以及责任感的培养有着密不可分的关系。

在美国，孩子不论年龄大小，都是重要的家庭成员，所以告诉孩

① 佚名：《看看美国孩子的家务清单》，大河网，2011-11-17。

子他们在家庭中应该负起的责任是很重要的，而承担家务则是最好的方式。不同年龄的孩子可以做哪些家务劳动？这张美国孩子的家务清单或许可以借鉴一下。

9~24个月：可以给孩子一些简单易行的提示，比如让宝宝自己把脏的尿布扔到垃圾箱里。

2~3岁：可以在家长的指示下把垃圾扔进垃圾箱，或当家长请求帮助时帮忙拿取东西；帮妈妈把衣服挂上衣架；使用马桶；刷牙；浇花（父母给孩子适量的水）；晚上睡前整理自己的玩具。

3~4岁：更好地使用马桶；洗手；更仔细地刷牙；认真地浇花；收拾自己的玩具；睡前帮妈妈铺床，如拿枕头、被子等；饭后自己把盘碗放到厨房水池里；帮助妈妈把叠好的干净衣服放回衣柜；把自己的脏衣服放到装脏衣服的篮子里。

4~5岁：能独立到信箱里取回信件；自己铺床；准备餐桌；饭后把脏的餐具放回厨房；把洗好烘干的衣服叠好放回衣柜（教给孩子如何正确叠不同的衣服）；自己准备第二天要穿的衣服。

5~6岁：帮忙擦桌子；铺床、换床单；自己准备第二天去幼儿园要用的书包和要穿的鞋（以及各种第二天上学用的东西）；收拾房间（把乱放的东西捡起来并放回原处）。

6~7岁：能在父母的帮助下洗碗盘，能独立打扫自己的房间。

7~12岁：能做简单的饭；帮忙洗车；吸地擦地；清理洗手间、厕所；扫树叶、扫雪；会用洗衣机和烘干机；把垃圾箱搬到门口街上（有垃圾车来收）；要熟练掌握前几个阶段要求的家务，并能换灯泡；换吸尘器里的垃圾袋；擦玻璃（里外两面）；清理冰箱；清理灶台和烤箱；洗衣服全过程，包括洗衣、烘干衣物、叠衣以及放回衣柜；修理草坪。

比利时的幼儿园

有一个到比利时的中国人，其比利时朋友知道他关心教育，便告诉他有机会可以到幼儿园看看，会了解更多。

在好奇心的驱使下，我真的去了那所幼儿园。

到那里我才发现，那里和国内幼儿园完全不同，孩子大部分时间都在老师的带领下玩游戏，剩下的教学时间，都是需要动手的手工课。手工课上累了，老师就带他们去郊游或者去博物馆参观，老师就像个讲解员，指着实物向孩子介绍那段历史所发生的故事。孩子们平时所谈论的更让人吃惊，他们嘴边常挂着的是居里夫人、海湾战争……

如果在国内，家长们早就抗议了：孩子至少应该认点字、背点加减法口诀什么的，为入学作准备，关心那么多国际大事干什么？但比利时的幼儿园和家长们恰恰就这点达成了共识，就像园长所说的那样："文化知识，可以入学后再学，随时随地学，但常识却影响着我们生活的细枝末节。孩子的学前教育，就是让他学会应用常识，使他能够学会应付日常生活，并学会感知生活中的乐趣。"

比利时的孩子们，从八九岁起就懂得了如何"精打细算"地支配自己有限的零花钱，因为父母在给零花钱方面是绝不会迁就他们的。同时，学校从小学起就开设了专门课程，教孩子了解成年人的各种职业、什么是劳动报酬、如何区别各种商品及其价格等。同时引导儿童了解媒体、广告和消费者之间的关系，让他们了解广告对消费者的行为影响。

这样，孩子们在买东西前就会再三权衡自己最需要什么，由此学会选择并意识到自己不可能拥有所有自己喜欢的东西。而这些生活常识与原则，才是伴随他们一生成长的东西。

德国的学生评家长①

我和老公去德国旅游，顺便看望了在柏林生活的表姐。我们到表姐家时已经是晚饭后了，表姐戴着耳机在上网，表姐夫在看书，他们读小学五年级的儿子凯文在做作业。这静谧的氛围让我们不敢大声

① 李静：《德国父母也有"成绩单"》，《文学小说》杂文选刊·下半月2014年第2期。

说话。

凯文礼貌地和我们打过招呼，又继续在纸上写。我好奇地看着凯文，心想：德国孩子做作业怎么不用作业本？看到我诧异的表情，表姐说："凯文在给我们评分。"

"评分?"我不解地问："孩子给父母评分?"

表姐点点头，说："是的，每逢月末，凯文都会根据这个月的实际生活情况，对我和他爸爸的行为进行评分。我们看到这份'父母成绩单'要签署意见，再由凯文交给老师。"

这是一份怎么样的"父母成绩单"？我迫不及待地想看看。等凯文填好后，表姐递给了我。

"父母成绩单"上共有10道题，优秀为A+，合格为A，不合格为B。每一项都作出选择后，可以看到父母本月在孩子心中是否合格。我饶有兴趣地看了起来：

1. 父母彼此间和睦相处，互敬互爱，从不在我面前使用不文明语言或无休止地争吵。

2. 父母能为我创造良好的学习环境，不以电视、电脑或大声说话来影响我的学习。

3. 父母能积极学习，不断进取，能做我的"智多星"，能提高对我的教育能力。

4. 父母能认真听取我的学习情况汇报，为我推荐一些有益的学习资料和课外阅读书刊。

5. 父母能经常与我沟通，耐心地倾听我的诉说，从不态度恶劣地打断我。

6. 父母能关心我的身心健康、膳食平衡、视力保护和生理健康，带领我积极锻炼身体。

7. 父母每月都给我零花钱，但会指导我合理使用，让我学会勤俭节约。

8. 父母从不溺爱我，每天都耐心指导我做力所能及的家务，培养我的独立能力。

9. 父母能正确对待我的不良生活习惯，不是强行制止，而是和我讲道理，帮助我改正。

10. 父母能主动与老师保持联系，一起帮助我在成长的道路上越走越好。

表姐看了“父母成绩单”上凯文的评分，将表格递给表姐夫，然后对凯文说：“看到你给我们的多了个A+，我们很欣慰得到你的认可，我们会更加努力地改进，你也要努力学习。”凯文重重地点了点头。

这份特殊的“成绩单”深深地触动了我，想想我女儿已经上小学三年级了，我平时总是要求她要考第一，却从没想过我要为她的学习和成长提供什么样的帮助。

令人赞赏的是，这种评价传递着一种深刻的家教理念：亲子平等，孩子自己也认可接受的家教方式，并为其付出努力；家长可以学习和遵循正确的家教原则；孩子的合理需要得到父母的认识和尊重。于是家教成为家庭成员自己教育自己的契约并认真地遵守。

7 家庭之爱的寻觅

家庭之爱是一种亲情的体现。它作为一种情感，体现了对家庭成员无微不至的关怀及赤诚无私的爱的奉献。

好像不用问“爱到哪里去”，爱就应该在身边，在家庭里。但偏偏就经常有小孩离家出走的事例，于是父母们疑惑了：我们给他的爱太少了吗?

7.1 爱的内涵

爱的内涵太丰富了，既微妙，又动态多变。有人为爱活着，有人为爱死去，有人在爱的海洋里尽情畅游，有人在爱的荒漠中苦苦寻觅，有的爱如雨后霓虹，昙花一现，有的爱如日月经天，恒久不变……千百万年来，人们谱写出多少爱的赞歌，也咏唱过多少爱的怨曲。但是，不管是喜是悲，人类不可能没有爱。

爱是什么，这仿佛是一道哲学命题。我们每天都能感受到，却永远说不出来。爱像阳光、空气和水一样，是人类赖以正常生存、健康发展的基本要素。

爱是付出，是给予。因为爱你，我愿意给予，给予的本身不是恩赐、不是施舍，而是快乐；因为爱你，我并不要求你同样爱我，我能感受到爱你所带给我的能量，这种能量来自于内心的真诚。

爱是你快乐所以我快乐。婴儿的笑脸不是因为吃饱喝足，而是因为她感受到了妈妈的味道，那是快乐的味道。

爱是珍惜，是互相感受到对方存在而给予自己的快乐。所以温暖在心，永远念及对方的好。

因此，“让世界充满爱”，这是人类最强烈的呼唤爱的呓语。

中国式爱暴力

高尔基曾说过：“单单爱孩子，母鸡也会这样做。”在人世间，确有一些连“母鸡”都不如的父母。他们当然都不会承认不爱自己的孩子，但他们给予孩子的并非家庭真正之爱。所以，有的家长付出了爱，结果却适得其反，这使他们感到困惑和惊讶。

难道爱也有假？过分了就是假，过分的、不适度的爱会走向其极端，那就是爱的暴力。

对于暴力，人们的思维多会停留在言行举止间的粗鲁上，却难以将它和爱相提并论。可是当诸多看似爱的行为都在爱的光环掩盖下暴露出其伤害的实质时，“暴力”就真的与爱结合在一起了。

著名心理咨询师柏燕谊写了《爱暴力》一书，要献给那些在爱中挣扎的孩子及其父母们。她首次提出了“爱暴力”这个概念。①

我们这一代人，大多数都是承受着父母深重的爱而成长起来的。父母总是将他们认为最好的提供给我们，用他们认为最好的方式对待我们，在我们身上寄予无限的期望。

可是，父母这样爱你，真的正确吗？

父母保护你，不让你受到任何伤害，你能称之为暴虐吗？

父母鞭策你，让你不断做到最好，你能称之为专制吗？

父母帮助你，为你安排好了人生的每一步，你能称之为愚昧吗？

父母将一切都给了你，你能称之为自私吗？

可是，你感到快乐吗？

父母是真的爱你，还是通过爱你达到爱他们自己的目的？

如果你面对的是这样的一个残酷事实——你并没有被父母真正爱

---

① 柏燕谊：《爱暴力：献给那些在爱中挣扎的孩子及其父母们》，南京：译林出版社 2013 年版。

过，你该怎么办？

你不敢想，因为你不愿意相信你自己没有被真正爱过。但遗憾的是，你的灵魂一定知道，它很清醒。

所以，你痛苦。

所以，你放弃了快乐。

这，就是爱的暴力。

但并不是所有的人都能意识到这种温柔的暴力。作者忍不住了："爱暴力，让人无法控诉，因为它用爱为名。爱暴力，让人无法拒绝，因为我们不敢面对失去爱的恐惧。可我必须大声说出我的观点，哪怕这样会招来责难。"

她在心理咨询中遇到许多"爱暴力"现象：

曾有一位中年成功人士，带着自己自杀过两次的儿子来接受咨询。当着我的面，他痛斥儿子软弱、没出息。他说，他是在父母的打骂中长大的，父母严格要求他成为一个成功的人。于是他也以同样的方式教育自己的儿子，想让他成为一个坚强的人，而儿子却令他失望透顶。

我承认，我必须控制自己的情绪才不会当面驳斥这位父亲，请他离开我的工作室。我始终忘不了，当那位父亲对我数落他儿子的种种不是时，坐在角落里的男孩脸上绝望的表情。

她把爱暴力的种种表现比喻为九重门：有因爱生恨报复家长的、有被爱捆绑的、被控制的、失去人生乐趣的、不能与人交往的、除了学习毫无其他技能的、婚姻不幸的、溺爱宠坏了的、迷失本性的。

在许许多多家庭里，充斥着父母这样的语言："这都是为你好。""不要骄傲！你离最好还很远！""只要你成绩好，就是对我们最大的孝顺。"我们大多数人都是承受着父母最沉重的爱成长起来的，父母保护我们，不让我们受到任何伤害；不断鞭策我们，让我们做到最好；全心全意帮助我们，为我们安排好人生的每一步；将一切都无私奉献给我们。但是，我们没有感到幸福、快乐，反而在这份爱中苦苦挣扎，逐渐迷失自我。这，就是爱的暴力。

为什么父母给予我他们全部的关爱，我却得不到快乐？为什么无论怎么努力，我都不能让自己惶恐的心释然？父母爱我吗，还是仅仅在利用我获得满足感和成就感？当我感觉不到爱时，是我的感觉出了问题，还是那份爱真的并不存在？

“无微不至”的伤害

如果说爱的暴力多是违反了孩子的精神需求而造成的，那么“无微不至”的爱造成的伤害则走向了另外一个极端——过度地满足了孩子物质的需要，通俗的说法是溺爱。

有这么一个故事：有一年秋天，一群天鹅来到天鹅湖中的一个小岛上。它们从遥远的北方飞来，准备去南方过冬。岛上住着一个老渔夫和他的妻子，见到这群天外来客，非常高兴，于是他们拿出喂鸡的饲料和打来的小鱼精心喂养天鹅。冬天来了，这群天鹅竟然没有继续南飞。湖面封冻，它们无法获取食物，老夫妇就敞开茅屋让它们在屋子里取暖并给它们喂食，直到第二年春天湖面解冻。日复一日，年复一年，每年冬天，这对老夫妇都这样奉献着他们的爱心。终于有一年，他们老了，离开了小岛，天鹅也从此消失了。可它们不是飞向了南方，而是在第二年湖面封冻期间饿死了。①

一些家长像故事中渔夫夫妇一样，对天鹅百般呵护，管吃管住，不辞劳苦地奉献着爱心。可是，天鹅悲惨的结局却告诉我们，正是这种过分的爱，使天鹅沉溺在悠闲安逸的生活中，丧失了生活的本能和生存的基础，最终被变化了的环境所淘汰！

父母这种无微不至的关怀并不鲜见，结果却造成“关怀强迫症”，关怀变成了伤害。

某年全国少儿游泳锦标赛举行时，有30多位家长“护驾出征”。他们中有的带着高级营养品，有的怕孩子被蚊咬而在宾馆自租包房，

---

① 佚名：《“无微不至”的伤害》，中国早教网，2010年6月2日，http://www.zaojiao.com/dnowledge/17326/。

有的在比赛时跑前跑后给孩子送吃送喝，辛苦万分，真是“可怜天下父母心”。

在少年宫里，孩子在一间课室里学习，家长在另一间课室里等待，有多少学习的孩子就有多少“陪学”的家长，于是有人戏谑，少年宫也是“成年宫”。

高考期间，成堆的家长在考点的校门外等候；学校边上的马路也被交通部门或家长封路。

大学新生入学日子，家长拎着大包小包的行李，而其入学子女却两手空空地跟在后面。

“护考”也好，“陪学”也好，都是为了实现子女成龙成凤之梦。这种凝聚着家长希冀、牵挂、忧虑、补偿等种种成分于一体的“爱”倾注到孩子幼小的心灵，确实是太沉重了，以至成了难以承受的压力，压抑着他们活泼的天性。

一位小琴童说：“谁都问我，小明，你喜欢拉琴吗？我才不喜欢呢，为什么要拉，爸爸妈妈逼的呗！我生日，爸爸妈妈问我喜欢什么礼物，我说，什么也不喜欢，给我痛痛快快玩一天吧！”一位五六岁的小孩对一位客人说：“叔叔，天天是春节就好了，春节可以不上幼儿园读书，可以不做作业，可以到外面放气球，可以跟邻居小朋友捉迷藏，可以……”本来是很平常的儿童活动竟变得如此稀缺难得，而这正是“无微不至”的爱所致。

有媒体曾对全国各地中学生调查：“你认为难以抵挡的压力是什么？”80%的学生认为不是学习负担过重，也不是升学的压力，而是父母过分的“关心”与“爱怜”。

一个生长在美国的中国女孩在论及她的母亲对自己的爱时，如此评价：中国母亲在表示其爱意时，“往往不在乎他们想些什么、他们的困惑、他们的不安，却更关心他们的吃，不断塞给孩子春卷、八宝饭……”

精神上极少在意，物质上过分关心，学习上过于求全，这正是如今充斥于许多家庭的“无微不至”的爱的特点。这种爱所带来的不是幸福快乐，而极大可能是悲哀。而其悲哀莫过于子女不仅不接受不理解这种爱，并且没有给予父母所期盼的情感上的回报。

我国有人曾对某市普通中学学生就父母之爱进行调查。一个高中男生在问卷中写道："我应当说喜欢自己的父母，但这只是一种本能的爱，真正对于这个问题，我也不知如何回答。其实，我们两代人并不沟通，我从不对他们说我的心里话，他们也从不问我有什么需要，只是在考试后问一下成绩，就算尽了责任，因此，我对父母的感情只是限于养育之情。"

然而中国父母为孩子所付出的操劳、所花的心血却是世界上最罕见的。家长从来没有像今天这样给予孩子这么多，而孩子也从来没有像今天这样对家长这么厌烦，这不能不说是莫大的悲哀。家长们确实有必要反思自己给予孩子的爱是什么样的爱，它造成的心理影响是什么。

有幼儿专家认为，这些家长是通过让孩子需要自己、依赖自己，给予孩子并不需要的关怀来确立自己的人生价值，获得心理满足。在生活中，父母（或其他长辈）对孩子过度的关爱会妨碍其独立解决问题，久而久之，孩子就会形成依赖别人的习惯，导致在人格上不独立。

微信上一个帖子把这种自以为是真，实际是假的"爱"称为"爱的盘剥"：

许多人在成长过程中遭到父母的情感盘剥，例如：让孩子弥补父母过去未完成的心愿；让孩子成为父母生活中的精神伴侣；让孩子为父母的虚荣心负责；把孩子定制成为自己希望的样子……在这种环境下长大的孩子，会失去本来面目，将来难以真实起来，并将继续刁难自己的家人，即从亲人身上继续盘剥曾经失去的爱。

一位妈妈烦躁地唠叨孩子，孩子如果习惯了、适应了，那他将来会成为怎样的人？如果听不惯、不适应，将来又会怎样对待别人？看似在教育孩子的母亲，实际上是在盘剥孩子的童真，因为是孩子，所以离不开母亲，并必须为她的不安充当发泄的出口。

而这位唠叨的母亲迟早要为自己不正常的行为承担后果。

人们固然需要爱，但是，当这种爱变异为一种享乐的馈赠、一种包办一切的呵护时，它就不再是爱，而成了一把能置人于死地的温柔的刀子！无论是爱的暴力，还是爱的盘剥，以及带引号的无微不至，都是以温柔的名义伤人和杀人！

爱是什么

于是，人们要问，爱到底是什么？

人来到这个世界上最初感受到的是父母通过微笑传递的家庭之爱。家庭之爱是以血缘关系为基础建立起来的一种亲情关系。爱是双向沟通的共鸣，它一方面体现了表达者对被爱者无微不至的关怀和无私的奉献；另一方面，爱的接受者体会到这种温暖的感觉，又会以微笑和感谢回报爱的发出者。亲子间从小开始的这种嬉戏就传递着这种爱。

但对一直陪伴滋润着我们成长所必需的爱，并不是所有的人都能说出其真谛。

国外有一组专业人士向一些4~8岁的小朋友提出问题：爱是什么？答案超乎了一般人的想象！

“当我的奶奶得了关节炎，她不能弯下腰剪脚指甲了。于是我爷爷总是帮她剪，甚至当爷爷自己的手也得了关节炎时，他仍继续帮着奶奶剪脚指甲。这就是爱。”—— Rebecca，8岁

“当有人爱上你，他叫你的名字时很不一样。你会很放心让他叫你的名字。”—— Billy，4岁

“爱就是当你出去吃东西时，你把大部分的薯条给他们，而没有叫他们把他们的给你。”—— Chrissy，6岁

“爱就是当你累了时仍能让你笑的东西。”—— Terri，4岁

“爱是当我妈妈为爸爸煮咖啡时，她在给爸爸之前都先尝一口，以确保味道是好的。”—— Danny，7岁

“爱就是当你告诉一个男孩你喜欢他的衬衫，他就天天穿着它。”—— Noelle，7岁

……

孩子们的回答五花八门，但他们都是在日常生活的小事中感受着爱的含义。

最后，大会选出了一个最能感动所有评委的小孩的回答，而他只

是一个四岁的孩子！

他的邻居，一位老爷爷刚刚失去了他的妻子。小男孩看到老爷爷哭了，然后走进老爷爷的院子，爬到他的膝上，然后就坐在那儿。他的妈妈问他跟老爷爷说了什么，小男孩说：“没什么，我只是让他哭……”

原来他感受的爱，就是不管喜怒哀乐悲思愁苦，都一直想要静静地陪伴对方。

小男孩默默的行为慰藉着老爷爷破碎的心灵，也感动着评委们。孩子们用他们这个年龄阶段认识事物具体化的独特思维，以五花八门的方式理解和诠释着爱的涵义。

“酒干倘卖无”

“酒干倘卖无”是闽南语“有酒瓶子卖吗”，是收酒瓶的叫卖语。1983年，台湾出品了杰出电影《搭错车》，罗大佑、侯德健、李寿全等几位日后主宰华语流行乐坛的大师级人物参与其插曲《酒干倘卖无》的创作，也捧红了演唱者苏芮。歌曲跨越了海峡，也在大陆的街头巷尾传唱。这不只是由于歌手声音的穿透力，更是歌曲中传递的家庭之爱的力量让这首歌广为传唱。

多么熟悉的声音/陪我多少年风和雨/从来不需要想起/永远也不会忘记/

没天哪有地/没有地哪有家/没有家哪有你/没有你哪有我/

假如你不曾养育我/给我温暖的生活/假如你不曾保护我/我的命运将会是什么/

是你抚养我长大/陪我说第一句话/是你给我一个家/

让我与你共同拥有它/

虽然你不能开口说一句话/却更能明白人世间的黑白与真假/

虽然你不会表达你的真情/却付出了热忱的生命/远处传来你多么熟悉的声音/

让我想起你多么慈祥的心灵/什么时候你再回到我身边/让我再和

你一起唱/

酒干倘卖无/酒干倘卖无/酒干倘卖无/酒干倘卖无/酒干倘卖无……

这首歌来自于一个真实的故事：

一个跛脚的老人靠收集空酒瓶来养活自己，老人近乎聋哑，孤苦伶仃。有一天他捡到一个小女孩，欣喜异常，认为是上天赐给他唯一的礼物。老人将孩子带回家，用辛苦收来的空酒瓶，换钱买廉价奶粉，让小女孩活了下来。女孩6岁时捡了一条小狗，取名旺才。小狗、聋哑老人、小女孩相依为命地生活在一起，女孩在堆积如山的空酒瓶中成长。天生的好嗓子让她成为聋哑人的传话机，每个清晨，女孩牵着老人在街头巷尾收酒瓶，女孩大声地喊着：酒干倘卖无、酒干倘卖无……

再后来，小女孩长大了，恋爱了，她爱上了一个作词家。年轻的作词家一穷二白，但很爱她，带她走进了艺术天地，为她写了很多歌，对老人也非常好。

有一天，女孩成名了，生活发生了质的变化。因为又聋又哑的父亲让她感到羞耻！但男孩仍和老人一直保持来往。后来女孩越来越忙，名气越来越大。有一次老人想念女儿，央求男孩带他去找女儿，但是还没进演唱会的大门就被轰出来了。

再后来女孩也烦了，扔给老头一笔钱让他不要再打扰她自己，老人擦干了含泪的眼睛，没要女孩的一分钱，走时还留下了女孩一直爱吃的一小袋松子！男孩看不过去了，找女孩理论，但女孩心里听不进任何劝言，因为两人地位悬殊，最终也只能分手。但老人终因思念女儿病倒了，男孩只好央求女孩，希望她能回家看看老人，但女孩没听他的！就在这时，男孩打听到了女孩唱歌的地方，于是他告诉了老人，老人挣扎着要去看女儿最后一面。不料在路上，一辆卡车飞驰过来，眼看就要撞着老人了，老狗旺才猛地拱向了老人，老人得救了而旺才却被卡车撞死了。

男孩知道后决定为女孩写最后一首歌，他连夜赶制，顶着长期的贫困和思念，在他身体快不行的时候，写下了这首歌，让人送给了那个女孩。男孩写完歌词不久后也离开了人世间，演唱会上女孩不情愿地打开纸条，这首歌的歌词如上所述。

多年前的往事一一浮上心头，看到歌词后，女孩哭了，终于良心发现，心中充满了愧疚、伤心和不安！她反复学着这首歌，最后登台的时候，她通知乐队加最后一首歌《酒干倘卖无》。女孩忘情地唱着，台下所有的人都震惊了，所有的人都流下了眼泪，女孩在台上讲述了自己的身世，然后不顾一切地跑向了医院，她要见自己的父亲。当老人看到女儿时，一行老泪缓缓从腮边流下，老人什么也说不出口，只是微笑地看着女儿，慢慢地闭上了眼睛，女孩撕心裂肺地哭喊着，泣不成声。

真不知这是电影虚构的故事还是真实发生过的故事，但亲子之情却是真实的，特别是那没有血缘关系的无私的爱。

7.2 爱在这里

家庭之爱并不缺少，但缺乏爱的人对爱却觉得很陌生。有些身在爱中不知爱的人，以及以为自己到处给了爱的人，都需要去寻找真爱在哪里。

家在爱里

人们常把家庭比喻成人们遭遇困难、不幸及种种挫折之风暴的避风港。因为在这里，他们可以借助家庭温暖或休息或疗伤，以便重整旗鼓，准备以后的远航。

可是，这种比喻的前提是家庭是健全的。“爸爸在哪儿”的呼喊，是首先从名人那里，从健全家庭那里发出声音。而在许多没有爸爸或妈妈，甚至因为父母或离婚，或病故，或犯罪服刑，以及其他原因造成的单亲或没有双亲的破碎家庭里，恐怕孩子们心底发出的声音是：“家庭在哪儿?”

对于这种呼唤，“酒干倘卖无”的故事给了我们答案，那就是：爱在哪里家就在哪里！

曾经当选过美国总统的林肯，8 岁丧母，9 岁那年，他的父亲便和一个名叫莎腊的寡妇结了婚。在人们的观念中，后母总是凶神恶煞的。但是，莎腊并没有虐待林肯，反而弥补了林肯刚刚失去的母爱，使他受伤的心灵得到慰藉。

莎腊来到林肯家时，除带了 2 个儿女外，还带了一条鸭绒毯子和几个鸭绒枕头。莎腊到来后做的第一件事就是给林肯姐弟洗了个热水澡。晚上，林肯发现自己和姐姐原来睡的玉蜀黍梗垫子变成了鸭绒枕和鸭绒垫子，他那又黄又瘦的小脸开始出现了笑容。林肯很爱读书。莎腊自己虽不曾读过书，但总是赞赏并支持林肯学习。莎腊为林肯的成长倾注了满腔的慈爱和悉心的关怀。林肯对莎腊也充满了崇敬和热爱。林肯后来成了律师，又参加了总统竞选。莎腊独自来到城里，要看看林肯。但为了不妨碍他，她只是静静地站在人群中。林肯看到莎腊，马上跳下车来，与莎腊拥抱。林肯当选总统时，从不爱流泪的莎腊激动得哭了起来。1861 年冬天，林肯赴任前，也曾冒着风雪回乡与继母告别。林肯遇刺后，人们探访莎腊，她总是对人说："他从来不曾对我说过一句使我难堪的话。"而林肯当选总统后也曾说过："我的一切都属于我天使般的母亲。"的确，林肯的成长凝聚了母亲的厚爱，而莎腊的母爱也结出了丰硕的果实。

正是从再婚家庭中得到的爱，使林肯成为伟人。林肯所生活的时代，虽然没有我们现在那么复杂，有着众多的"留守儿童"，但爱的法则仍然是一样的：爱在哪里家就在哪里。

"留守儿童"作为我们今天经济腾飞的副产品或代价，所需要和缺乏的正是父母之爱。而其他一些由破碎家庭导致的子女的成长障碍，也是缺乏父母之爱造成的。如今社会知道了他们的需要，所以社会、学校，以及各种公益机构和志愿者都希望以自己提供的无偿的帮扶让他们体会到家庭的温暖。

《我想有个家》是台湾著名歌手潘美辰传唱最为广泛的经典歌曲，她集作词、作曲、演唱于一身。歌曲唱道：

我想要有个家/一个不需要华丽的地方/在我疲倦的时候我会想到它

我想要有个家/一个不需要多大的地方/在我受惊吓的时候我才不会害怕

谁不会想要家/可是就有人没有它/脸上流着眼泪只能自己轻轻擦

我好羡慕他/受伤后可以回家/而我只能孤单地寻找我的家

虽然我不曾有温暖的家/但是我一样渐渐地长大/只要心中充满爱就会被关怀/无法埋怨谁一切只能靠自己

虽然你有家什么也不缺/为何看不见你露出笑脸/永远都说没有爱整天不回家/相同的年纪不同的心灵/让我拥有一个家

寻找家的步履感动着人们，使歌曲成名。下面这首网上的小诗虽然不怎么出名，但表达的真情却对爱与家的关系作出了准确的阐释。

常常有人探问着，家在哪里？常常有人跋涉中，把家寻觅。

我想告诉你，家在爱里。遮蔽风雨的建筑不叫家，只能称之为居。

家在爱里，爱的家没有四季；爱在心上，是魂不守舍的牵肠，是不需诺言的守望时光的风里雨里。

爱在心里

著名教育家陶行知曾倡导“爱满人间”。为了孩子的健康成长，父母应该付出爱。只有所有的父母都奉献出爱心，我们祖国的花园才不会有被爱遗忘的角落；只有人人都付出一份爱，我们的世界才有可能更加美好。

苏联教育家马卡连柯曾经直截了当地提醒并谆谆地规劝为人父母者：“如果你打算生一个公民，而生了以后对他缺乏父母的爱，那么就请你发发慈悲预先告诉社会，说你想要耍滑头。没有父母的爱所培养出来的人，往往是有缺陷的人。”可见，父母之爱具有很大的教育作用。父母对孩子的爱，不仅仅是人之常情，也是生活常理，不仅仅是尽家庭的义务，更是对社会所负的责任。这是任何家长都推诿不得的。

他们所说的父母之爱，更多是发自内心的精神给予，而不是金钱物质的堆砌。台湾著名诗人余光中曾说，名牌手袋 LV 只不过是 LOVE（爱）的一半，不是真爱。

真爱 LOVE 的内涵是什么？大人们不会像小孩子那样从具体小事来阐释，而是从爱的英文构成上增加对其内涵的理解。

爱的含义

爱情使者丘比特问爱神阿佛洛狄特："LOVE 的意义在哪里？"阿佛洛狄特说：

"L"代表 Listen（倾听），爱就是要无条件无偏见地倾听对方的要求，并且予以协助。

"O"代表 Obligate（感恩），爱需要不断地感恩，付出更多的爱，来灌溉爱的禾苗。

"V"代表 Valued（尊重），爱就是展现你的尊重，表达体贴、真诚的鼓励、发自内心的赞美。

"E"代表 Excuse（宽恕），爱就是仁慈的对待，宽恕对方的缺点和错误，接受对方的全部。

爱神对于爱的意义的诠释如此深沉厚重。我们都想要一份长久的爱，所以要永远学会倾听对方与感谢对方，尊重对方与宽恕对方。

如果都把爱所包含的倾听、感恩、尊重和宽恕来对照自己，许多父母都会惊出一身冷汗，惊叹自己确实没有给予孩子真正的爱。也许，我们应该认真理解这四个英文字母所代表的八个中文字的深刻含义。

倾听（L）

人生来两只耳朵一张嘴巴，就是要让人们多听少说。这种比喻恰当地说明了倾听的重要性。我们只有用心聆听对方的心声，才能感受对方的心跳，也才能彼此进入对方的心里。倾听是对他人的尊重，是对他人情境的理解，是给予他人心理的抚慰和治疗。所以有人说，张开耳朵就是张开心灵，心灵开了才能释放出爱。可惜人们只会夸赞那些能说会道之人，而不会赏识那些认真倾听他人内心表白的忠实听者。

父母就是因为没认真聆听小孩的诉说和各种话语，从而不理解孩子内心的需要和想法，进而产生误解和隔阂，导致关系越来越疏远。小孩也因为受大人不会细心倾听的影响，厌烦父母和别人对自己说话时的啰嗦。当父母年老时，孩子也会没有耐心倾听他们驱散内心寂寞的唠叨和正确表达自己对父母关心的亲情。从这个角度看，外国人在评判“爱是什么”时，把默默地陪着因失去妻子而伤心的老爷爷的小男孩评为最佳是理所应当的。

感恩（O）

只有学会感恩，才会使 4 互相传递并产生共鸣，使人享受到爱的快乐、爱的幸福。父母常常叹息儿女对自己的苦心不懂得回报，但是他们有以对自己父母的感恩之心为自己的儿女作出榜样吗？

下面这个感人的事例为我们传颂着感恩的美德。

很少看选秀节目，许多电视台都把它作为吸引眼球的必然节目了。偶然间打开浙江卫视，看到“中国梦想秀”这档节目，就被吸引住了。吸引我的是节目中的梦想者感人的感恩故事。

一个音乐表演专业在读的 22 岁小姑娘，出来唱歌，歌声并不怎么好，可是她的梦想是寻找 13 年前从火里救出自己的一位消防队员叔叔，以当面表达感恩之情。可是 13 年里的努力并没有实现这种美好的情怀。她的故事使摄制组感动并经多方努力，终于找到当年把她救出来的部队和那位已经退伍的战士。13 年里寻找的恩人终于见面，令人感动。更让人感动的是战士把它作为自己的职责而忘记了具体的事情和小姑娘美好的感恩心灵。①

感恩，是人们内心感激之情的自然表达，不需花一分钱，但却浇灌了道德之花蓬勃成长，成就了美好社会。人间的温暖，就是体现在这简单的话语和行为中。当大人以行动感恩着自己的父母、老师和其他熟悉或不熟悉的好人时，也就告诉着自己孩子什么是感恩和应该如何感恩。

2014 年 3 月，在电视播送的“中国好歌曲”节目现场，一首催人

① 摘自笔者于 2013 年 5 月 4 日发表的博客。

泪下的歌曲打动了听众。它之所以让人感动，就是因为歌曲表达的是孩子对父母的感恩之情。

当你老了，头发白了/睡意昏沉

当你老了，走不动了/炉火旁打盹，回忆青春

多少人曾爱你青春欢畅的时辰/爱慕你的美丽，假意或真心/只有一个人还爱你虔诚的灵魂/爱你苍老的脸上的皱纹

当你老了，眼眉低垂/灯火昏黄不定

风吹过来，你的消息/这就是我心里的歌

当我老了，我真希望/这首歌是唱给你的

干净的嗓音配上简单的和弦，这首《当你老了》很快打动了"中国好歌曲"的导师们。34 岁的歌手赵照，由于一直在北京忙于自己的音乐事业，一年到头只能与母亲见两三次面。面对已经年逾古稀的母亲，他也时常因为没法尽孝心而感到愧疚。歌者道："2012 年，我读到了爱尔兰诗人叶芝的诗篇——《当你老了》。在读这首诗的时候，我忽然想到了自己的妈妈——妈妈在窗户里，灯光昏黄。这让我感触颇深，于是就将他的诗作为歌词，把这首歌写了下来。"

流下了感动泪水的现场听众评价道："给力的民谣，给力的歌词。没什么说的，这首歌就是我心里的歌。比起那些华丽的歌词和复杂的伴奏，这首才是能走进心里的歌。"

尊重（V）

尊重对方也就是尊重自己，尊重一方面使对方自信，另一方面也使自己自信，使自己人生的境界更旷达、致远。自信，来自自尊，一个人首先要自尊，然后才会自信。一个不被尊重的孩子不仅没有自信，以后也不知道如何尊重别人，因为没有人给他示范过。一个不被尊重的大人在社会上也不会尊重别人，他会以出口伤人或出拳伤人来表示自己的存在和维护失去的"自尊"。

尊重别人平等的存在确实是一个人自身修养的表现。

英国"二战"的时候有一张照片流传得非常广，当时的英国国王

爱德华到伦敦的贫民窟进行视察，他站在一个东倒西歪的房子门口，对里面一贫如洗的老太太说："请问我可以进来吗?"这体现了爱德华对底层民众的一种尊重，而真正的"君子"正是懂得尊重别人的人。

网络上流传着"一碗白米饭"的故事，它讲述的是一种在帮助别人时也不忘尊重别人的高贵品质。

二十年前的某日黄昏，一名男大学生徘徊在台北街头一家自助餐店前，等吃饭的客人大致都离开了，他才走进店里。他很穷，所以只买了一碗白饭。为了下饭，他要了免费的菜汤，把它淋在饭上。饭后他又多叫了一碗白饭，以便明天带到学校当午餐。

老板听了，在心里猜想，男孩可能来自经济条件不是很好的家庭，为了不肯放弃读书的机会，独自一人北上求学，处境的困难可想而知。于是，老板悄悄在餐盒的底部先放入一大匙肉，还加了一颗卤蛋，最后才将白饭满满覆盖上去，乍看之下，以为就只是白饭而已。

老板娘见状却搞不懂，为什么不将肉大大方方地加在饭上，却要藏在饭底?老板贴着老板娘的耳说："男孩若是一眼就见到白饭加料，说不定会认为我们是在施舍，这不等于直接伤害了他的自尊吗?这样，他下次一定不好意思再来。如果转到别家一直只是吃白饭，怎么有精力读书呢?"

年轻的老板夫妻沉浸在助人的快乐里。

二十年后的某一天，将近五十岁的自助餐店老板夫妻，面临店面因属违章建筑被拆除的境况。想到以后生活无依，经济陷入困境，他们不禁在店里抱头痛哭了起来。

就在这个时候，一位人物突然来访。他请老板夫妻在他们即将要启用的办公大楼里开自助餐厅，一切设备与食材均由公司出资准备，老板夫妻仅需带领厨师负责菜肴的烹煮，盈利则和公司各占一半!

原来，那个每次用餐只叫一碗白饭的男孩经过二十年艰辛的创业，成功地建立了自己的事业王国。这一切都得感谢自助餐老板夫妻的鼓励与暗助，否则，他当初根本无法顺利完成学业。

欢喜"施"，感恩"受"，人间处处有温情。这个故事告诉我们：

善待自尊、自强的弱者就是善待自己，尊重别人也就尊重了自己。

宽恕（E）

宽恕对方，包容对方的一切，你的爱才会深远。但人性中过分的自尊使人们为了金钱、地位、权力、荣誉等，争得你死我活，把双赢变成了有我无你的竞争和游戏。这使宽恕逐渐成了“无用”的别名而远离了家庭教育。

对于容忍别人的错误与他人对自己的攻击，古人劝导说：“忍一时风平浪静，退一步海阔天空。”在江西武宁佛香山弥陀寺，那尊笑嘻嘻、胖乎乎、袒露大肚皮的弥勒大佛两旁的楹联意味深长：“开口便笑，笑古笑今，凡事付之一笑；大肚能容，容天容地，于人何所不容。”

在美国南北战争中，南方军即将面临失败，军官中有人提议将军队化整为零分散到老百姓家里，进入山区打游击战。但当时南方军最高统帅罗伯特·李将军却不同意，他说：“战争是军人的职业，我们要是这样做，就等于把战争的责任推给了无辜的老百姓。我虽然算不上一个优秀的军人，但我绝不会同意这样做，如果能用自己的生命换来南方老百姓的安宁，我宁愿作为战争犯被处死。”

他的对手是大家熟知的林肯，战争结束后，林肯总统同样表现出宽宏大量的风度。本来他确实应该按照军法对罗伯特·李进行处置，但是他认为南北之间的仇恨宜解不宜结，所以他对李将军说：“您也到了退休年龄，就告老还乡吧。”于是，李将军就以这种方式光荣退休，回到自己的庄园，撰写回忆录去了。

宽容作为一种美德是从小学会的，家长容忍孩子犯错，孩子以后在社会上也会包容别人、接受别人、欣赏别人，远离“相争”带来的疏远和仇恨。

言表心声

生性内敛的中国人，不管是对子女、恋人还是父母都很少公开表露“我爱你”的内心世界，使“爱”的阳光少了几许灿烂。

也许“爱在心里”的真情表露羞于以“爱”的字眼表达，但它们体现在日常生活中的点点滴滴。

微传媒上盛传的“地球上最有正能量的语言”，之所以加上“正能量”的字眼，就因为它表达的是人类之爱。

“对不起”、“我错了”，一句话表达了自己的赔礼道歉，从而控制住对方波动的情绪，呼唤和解与和平，并往往在对方“没关系”的原谅式回答中重归于好；

“谢谢”、“麻烦您了”，感恩之情的表达既是对他人友好相助的回馈，也筑起自己的谦虚人格；

“做得好”、“你最棒”，适时的欣赏和夸赞让对方挺起胸膛并充满自信，提高其存在感，并能鼓励延续其正确的行为；

“相信你”、“你可以的”、“果然你是不一样”、“真为你骄傲”，使对方变得鼓励而增长勇气；

“你今天真帅”、“你今天穿得真漂亮”，使对方心情因为受到注意和欣赏而变得快乐；

“你的想法如何”、“怎么想出来的”，使对方感受到自己的重要性并受到尊重，因而使对方的自信心不断上升；

“为你祈祷”、“每次不会一帆风顺”、“没关系，一切都会好起来的”、“有没有需要帮忙的”，温馨的安慰和友谊之手使对方增加克服困难、挫折、甚至灾难的勇气和力量；

“这些天辛苦了”、“跟你在一起的感觉真好”，温暖理解的话语抚慰对方疲倦的心情而会令其力量大增。

俗语之所以说“良言一句三春暖”，正是因为它用爱给人们的心情浇灌了成长、成人、成才和成就的甘露。

7.3 爱孩子的成长

家长给予孩子的爱，是无私的还是有私的，许多人当然认为是前者。其实，家长的潜意识中总是有一点为了自己的脸上有光或光宗耀祖的私心，那确实离不了“私”。问题是这“私”不能以孩子的痛苦为代价，而应更多地考虑他们的未来发展，这爱应该要让他们健康快乐地成长。

成功、成长与快乐

人们都把成功放在第一位。成功就像吊在驴子前面的红萝卜，看着想吃但又够不着。对正处在学习阶段的青少年而言，诱人的成功是什么，人们以自己的行动列举了一连串单子：进名校、得高分、竞赛排名靠前、再进更高一级的好学校，如此重复着。当重复完读书阶段后，便希望找个好职业、获得高报酬，然后找个好对象、生个乖乖仔。当自己的小孩又成为全家人的希望时，成功又开始重复着前面的路子。

这有点像放羊娃的故事。人们问放羊娃为什么放羊，他说羊长大后可以卖钱。得到钱后干什么？娶个媳妇。为什么娶媳妇？生个胖小子。生小孩子干什么？以后去放羊。于是又传递给子子孙孙，重复长辈们的故事。时代的变迁虽然使人们不屑于放羊娃的“理想”了，但故事的循环惯性却是共同的。他们渴望的也是成功，只是成功的标准有所不同。

2013 年 2 月，网友转发了作家陈岚的微博：

中国教育只有一种：成功教育。为了成功，给孩子技艺培训——从钢琴到奥数到补习班，都还是爬坑道中举人的惯性。情感教育为零，规则教育为零，信仰教育为负。培养出来的全是丛林法则的原始人。仁慈、宽恕、规则、信义、互助对他们来说都是谎言，爱对他们来说就是性冲动和占有。

中国教育科学研究院曾做过一项调查，发现“恢复高考以来的 3 300名高考状元，没有一位成为行业领袖。”并且他们“调查了全国 100 位科学家、100 位社会活动家、100 位企业家和 100 位艺术家，发现除了科学家的成就与学校教育有一定关系外，其他人所获的成就和学校教育根本没有正相关关系”。

它说明了这样的事实：1977年以来，全国34年的高考状元，没有一人成为社会活动家，或企业家，或艺术家，也没在任何一个行业成为领军人物，也没成为一流的科学家。他们如今都过着平凡的日子，职业成就远低于社会预期。曾经让人惊羡的高考状元，只是考试的成功者而已。

美国也有类似的“高考状元”。“总统奖”于1964年设立，是由总统为高中毕业生颁发的国家最高荣誉大奖。获奖者都是大学入学考试成绩排在全州前30名者，并参照学生特征、领导才能和社区服务活动、个人陈述，以及小论文的分析等诸项条件，评选出最终的获奖学生。对于采用了多项指标评选出的美国“状元”，其多年以后的成就也是耐人寻味的。

美国学者自20世纪80年代开始，就对早期的总统奖获得者进行了追踪调查。在145名获奖者中，虽然后来拿到博士学位或专门职业学位的人占70%，远高于同龄普通人群体的12%，但正如我国的高考状元一样，不管是在财富上还是成就上，没有人成为某个领域的杰出人物。他们虽然高中毕业后多数上了精英大学，而且也获得了一些奖项，但是工作后的获奖经历就乏善可陈了。

其原因值得我们深思。首先，他们早期获得的令人瞩目的奖项，放大了人们对他们的期许和他们自己的个人期望。不管他们做得如何，总会受到别人的议论，他们自己也总是认为自己做得不够好，压力也就变得越来越大。其次，过于投入精力到知识学习中，缺少了其他方面的学习和锻炼，包括情感处理、人际关系、目标设置等，江郎才尽也就成为正常现象了。世间有个能量守恒定律，一方面做得过多，另一方面就会有所欠缺。这些获奖者学业上太过顺利，也就容易在挫折面前无所适从。①

状元或学习尖子不能预示进入社会之后所能取得的成就，那么什么决定了以后的成就呢？

一位朋友从小到大都是学习尖子，考上了北大生物系，后来在普

---

① 陈心想：《美国“高考状元”的经验与感悟》，《中国教师报》，2014年2月12日。

林斯顿大学拿到分子生物学博士，毕业后在赫赫有名的大制药公司里工作。在公司里她常常感到窝火，因为那些美国同事的技术知识都远不如她，却个个自我感觉良好，张口就是："我对这个问题的理解是最深刻的……""我使这个课题有了突破性的进展……"而她，却总是在找自己的不足，开会时从来没有勇气说出自己做得多么好，而实际上她比所有的人贡献都大。她觉得和美国人相比，自己在实力上最强，欠缺的就是一份自信心，因此，她在这个公司里失去了很多机会。

等到她自己的孩子上学了，她参与了孩子学校举办的活动后，感慨万千地说，美国的父母和老师对孩子多么尊重啊！她孩子的班上有个脑子明显有病的孩子，班级的老师都是一直在给予鼓励。一次作业，这个孩子十道题仅做对了一道，老师马上让他到前面将那一道题算给大家看，大家一起鼓掌鼓励他继续努力，没有丝毫的讽刺挖苦。在这种环境中长大的孩子能没有自信吗？哪里像我们小时候，考试没考好，父母说骂就骂，违反了纪律，老师叫你站在教室前面接受大家的批判，哪里有一点尊严可言？她说："像我这种全校第一的尖子生都被打击得自信全无，更别说那些差生了，难怪有那么多学习不好的同学都自暴自弃。"①

在很多人眼中，金钱、地位和成就就是成功，并把它作为目标。当然，实现这个目标很辛苦、很不快乐，但为了以后的快乐和幸福，人们竭尽全力。事实上，快乐、幸福只是过程，是心灵的欢欣，是永远的享受。可以苦，但要苦中作乐，不必等到未知的将来才去享受甜。地位高的人有其幸福，也有其辛苦；扫大街的人有其辛苦，也有其快乐和幸福。

路边鼓掌的风景

现在许多城市开展的跑马拉松活动很热闹，但看的人比跑的人更多。拍照报道或留念的人都不只拍竞跑者，同时也拍在场鼓掌观看的人群。他们清楚地知道，没有后者就没有背景和现场给予的快乐。跑

① 蔡真妮：《为什么美国的孩子很自信?》，《北京青年报》，2013年6月6日。

马拉松的人固然引人注目，但在路边鼓掌的人也是一道很好的风景，也应得到他人的鼓励与尊重。没有他们的支持与助兴，也就没有好看的风景与热闹的氛围。

Q友为笔者推荐了《坐在路边鼓掌的人》一文，确是一篇值得一看的好文章，文中家长叙说了她女儿——一个在班里成绩中等的12岁女生的故事。

我们与同事结伴郊游时，大家一路上欢声笑语，这家孩子唱歌，那家孩子表演小品。女儿没什么特别本领，只是开心地为他人不停地鼓掌。她不时跑前跑后，照看着那些食物，把倾斜的饭盒摆好，把松了的瓶盖拧紧，把流出的菜汁擦净，忙忙碌碌，真像个细心的小管家。

野餐的时候，两个小男孩，一个奥数尖子，一个英语高手，同时争抢盘子里的一块糯米饼，谁也不肯放手，更不愿平分。尽管丰盛的美食源源不断地摆上桌来，可他们看都不看，家长们又笑又叹，连劝带哄，可就是不管用。最后，还是女儿，想到用掷硬币的方法，轻松地打破了这个让人难堪的僵局。

回来的路上，堵车，一些孩子焦躁起来。女儿的笑话一个接一个，全车人都被逗乐了。她的双手也没闲着，用装食品的彩色纸盒，剪出许多小动物，引得其他孩子赞叹不已。到了下车的时候，每个人都拿到了自己的生肖剪纸。

期中考试后，从女儿班主任的电话中得知，女儿的成绩仍是中等。但班主任说了他从教30年来第一次遇到的奇怪事。

原来语文试卷上有一道附加题：你最欣赏班里的哪位同学，请说出理由。除女儿之外，全班同学竟然都写上了女儿的名字。理由很多：热心助人、守信用、不爱生气、好相处等等，写得最多的是乐观幽默。班主任还说，很多同学建议，由她来担任班长。他感叹道："你这个女儿，虽说成绩一般，可为人实在很优秀啊。"

我开玩笑地对女儿说："你快要成为英雄了。"正在织围巾的女儿，歪着头想了想，认真地告诉我说："老师曾讲过一句格言：当英雄路过的时候，总要有人坐在路边鼓掌。"她轻轻地说："妈妈，我不想成为英雄，我想成为坐在路边鼓掌的人。"

在这之前，中秋节亲友相聚时，孩子们都分别说将来要做钢琴家、明星、政界要人、央视的主持人等，赢得大人一阵赞叹。12岁的女儿，正为身边的小弟弟小妹妹剔蟹剥虾，盛汤揩嘴，忙得不亦乐乎。在众人的催促下，最后她认真地回答："长大了，我的第一志愿是，当幼儿园老师，领着孩子们唱歌跳舞，做游戏。"众人礼貌地表示赞许，紧接着追问她的第二志愿。她大大方方地说："我想做妈妈，穿着印有叮当猫的围裙，在厨房里做晚餐，然后给我的孩子讲故事，领着他在阳台上看星星。"

Q友介绍的文章之所以在网络上疯传，是因为小女孩的行为令人感动。我们更多的人只是平凡地生活着，像欣赏舞台上精彩节目的观众，主演就那么几个人，但我们的掌声会令这节目得以精彩演出。也许一些家长曾是路边鼓掌的人，但后来不甘于寂寞，把在聚光灯下的角色寄托在孩子身上。于是期望增多了，孩子们的压力也增大了。

如果从人生就是舞台这个观点来看，观众鼓掌本身就是在人生舞台上的原生态，但他们并没有把自己当作主角。人生就是这样，我们需要平凡，但不要平庸。家长的期望不必太高，让孩子安分地做好自己，在自己的路上成长，这就是踏踏实实的爱。

8 家长的作用在哪里

人们常常把孩子比喻为花朵。但如果花朵有问题，那多半是花的根部有问题。孩子出现的问题，其实就是家长自身问题在孩子身上的“反映”。还有人比喻父母是原件，家庭是复印机，孩子是复印件，如果复印件上面有错字，正常人会首先修改原件而不是复印件。喜欢见果追因的人们，在子女问题上，就应该寻找作为家长应负的责任和解决办法。

8.1 子不教谁之过

也许并不是所有的家长都知道“子不教，父之过”是出自我国古代优秀蒙学教材《三字经》一书。但几乎没有任何一位家长会否认自己对子女应承担教育的责任，知道孩子不教之问题反映着家长的“过错”。在我们这个家庭教育有着优良传统的国度里，生儿育女、教养成才的观念深入人心并已成为社会各阶层的共识。

但“子不教，父之过”只说对了一部分，对的部分是清楚了家长的责任，错的部分是把家庭教育的责任只放在父亲一个人的身上。既然为人父母，对子女家庭教育的责任就人人有份。

父母的刀子

坏人拿刀子会伤人，好人拿刀子砍斫其他的东西。可是原本希望孩子学好向善的中国家长们，却不知不觉用自己的软刀子，损伤了孩子纯真的天性。于是，有人总结了称为“刀子”的过错。①

第一刀：砍去民主，种下强权的种子

在传统的中国式家庭里，家长说一不二，强行决定孩子应该怎么样，不能怎么样。现在的孩子虽然都不用下跪了，但在家庭生活中我们并没有做到最基本的民主。家长总是习惯于用简单粗暴的办法，以“都是为了你好”的名义来代替孩子作出决定。而这种行为就是一刀砍去了孩子脑子里的民主意识，而让他觉得强权就是一切。

第二刀：砍去爱心，种下自私的种子

当你为如何抚养年迈的父母而与你的兄弟撕破脸皮时；当女儿告诉你小区花园的水龙头坏了，你告诉她不要多管闲事时；当孩子想起身给公共汽车上站不稳的老人让座，你却用眼神去制止他时……你的这些表现是对孩子潜移默化的家庭教育的一部分，你的每一个行为都在一刀刀砍去孩子的爱心，而在他幼小的心灵里种下了自私的种子。

第三刀：砍去诚实，种下说谎的种子

孩子一旦明白说谎就可以不挨揍、不挨骂，或者可以让皮肉之苦尽可能迟一些来临的时候，他就可能慢慢变成说谎者。很多孩子都有一个困惑：为什么大人可以说谎，而小孩就不能呢？小孩在思考这个问题的时候说明他已经发觉了大人是经常说谎的。我们给孩子的解释往往是我们的谎言是“善意”的。但对孩子来讲，善意的也好，恶意的也罢，那都是谎言！

第四刀：砍去冒险，种下平庸的种子

孩子要下河游泳，家长们往往不是教会他游泳的技术和在水中保证安全的方法，而只是简单地拒绝——理由当然是危险。孩子要登高也是过分考虑安全的原因而不被允许。一点点危险都不能经历的孩子肯定是平庸的。危险处处存在，逃避是不能解决问题的，关键是要教会孩子识别危险，应对危险！

第五刀：砍去守纪，种下违法的种子

当孩子们跟父母一起上街的时候，总会被大人拉扯着不走人行横

① 魏书生：《中国家长的身上藏着十把刀》，《中国青年报》，2007年3月14日。

道线，不走地下通道，也不走人行天桥，而是翻栏杆、横穿马路。大人的借口是我忙、赶时间。殊不知这一刀让孩子体会到的是规则是可以不遵守的，个人的利益大于规则的严肃性。

第六刀：砍去善良，种下恶行的种子

我们不愿意带着孩子去为灾区捐献衣物，认为我们交过税了，那是政府的事情。当孩子想给交不起学费又体弱多病的同学捐款的时候，你问他是不是学校规定必须做的，还问学校规定最少捐多少。这个时候，你在一点一点砍去孩子身上善良的本性。

第七刀：砍去自然，种下破坏的种子

在公园游玩时你带着孩子去攀枝摘花，离开的时候孩子要带走垃圾你说不用管有清洁工干。我们在劝说孩子的时候用的是“万物为我所用”的逻辑，告诉孩子的是为了个人利益的生存，可以戕害一切的生灵！

第八刀：砍去创新，种下机械的种子

我们可怜的孩子在学校和家长的双重摧残下，已经不懂得什么是创新了。我们惯用的伎俩就是“这个等你长大了就懂了”、“这个不要求掌握，你记住就行了”、“这个是不会考的！没有为什么”等自以为聪明的说辞。殊不知我们已经让孩子慢慢变成了考试动物，大脑僵化，不会思考了。

第九刀：砍去欣赏，种下嫉妒的种子

孩子小的时候总会毫不掩饰对一个人或者一件东西的欣赏，会毫无顾忌地表达出自己的喜爱。孩子告诉家长某某同学多么优秀的时候，家长总是拿自己孩子的短处去跟他崇拜的对象进行比较，要么说看人家多聪明，多努力啊！哪儿像你这么懒啊！要么说要向他学习啊，给父母争光！这种批评式的比较很容易挫伤孩子的积极性，极大地伤害了孩子的自尊心。当孩子不知天高地厚的时候会说我要比他还棒。可是一次次地超越不了自己比较的对象，又被父母奚落之后，孩子那良好的欣赏的心态就会变成糟糕的嫉妒心。嫉妒这个人类的一大公害就被我们天真的孩子学会了！

第十刀：砍去竞争，种下仇恨的种子

竞争本来是社会发展的动力。一个没有竞争的社会自然就失去了向上的活力。在单位我们可能会被同事超越，在生意场上被竞争对手打败。回到家里，我们如果不是客观冷静地分析失败的原因，争取下次的胜利，而更多的是找客观理由，辱骂竞争对手，别以为你的孩子还小，还听不懂这些大人的事情，实际上他已经从你的身上学会了嫉恨超越自己的人。

强势父母弱势儿

一些白领父母都以为孩子继承着自己的优秀基因，加上优秀的环境，子女必然会成才。可是事与愿违的现实却使他们百思不得其解。

有一天，一位身为大学教师的朋友跟我聊起他那上小学三年级的孩子。夫妻两人都是博士，朋友的妻子还是“海龟”，可儿子的成绩竟是班级倒数第一。他问我原因，我说主要是你的夫人太能干了。他还以为我是开玩笑呢，认为我是指他夫人忙于事业。于是他就说：“没有，我老婆每天陪他写作业，就是每次不到五分钟，老婆就火冒三丈，对着孩子大喊大叫：‘你怎么这么笨！’”我说：“你看，问题就出在这里，你儿子的母亲太聪明了，他这么小，怎么可能比他母亲更聪明呢?”

文章作者的“诊断”结论是“母亲太强”了。其实，不论是父亲还是母亲，如果把自身工作中的“强”带到家庭教育的“强势”中，制造出“盛气凌人”、“居高临下”的气氛，那种“恨铁不成钢”的急躁便会使家庭远离“优秀”的环境。

于是文章苦口婆心地告诫家长们，它不只是告诫“强势”的母亲或父亲，实际上是提出了这些父母自身存在的问题和解决这些问题的办法。

回到家里，要忘掉所有单位里不愉快的事情，在孩子面前开始承担家长的角色。更不要把与孩子无关的坏情绪转嫁到孩子身上。要乐于了解和分享孩子在学校的喜怒哀乐，而不是厌烦或者不屑一顾。

当孩子来问问题时，绝不能表现得像在单位里那么精明能干，马上回答他，装装“无知”不失为一个很好的办法，鼓励孩子动脑筋，依靠自己的智慧解决这个问题。这样可以培养孩子独立解决问题的习惯和能力，并增强其自信心。

当孩子说今天考试没考好时，家长绝对不能发火或脸色变阴沉，要帮助他弄明白错在哪里，争取下次考试不要再错。

当孩子遭受失败或挫折时，家长要冷静地告诉孩子失败只代表一时，不代表终生失败。最糟糕的处理方式就是用刻薄的语言挖苦他，把孩子数落得一无是处，甚至新账旧账一起算。在这种教育下成长的孩子会极度自卑，甚至放弃自己本应美好的未来。

不要在孩子还没把想说的话表达清楚时，就自以为是地抢先提出自己的观点，不管孩子是否愿意，就以"你必须……"、"你应该……"的语气命令孩子。在这种"专制"情况下长大的孩子会缺乏主见与判断是非的能力。

在孩子面前要注意自己说话的方式。假如说话时经常直指孩子的弱点，讽刺、批评或要挟，或是明明知道孩子做不到而故意要求孩子去做，这无疑是用最尖锐的利器在不断刺伤孩子的痛处。

总之，家长在家就是亲人，不是职业人。假如希望自己的孩子将来能够超越自己，那么，在孩子面前一定要表现得"无知"一点，表现得"笨"一点，表现得"迟钝"一点，表现得"和风细雨"一点，这样的话，孩子会很有成就感地感到他比他父母"有知"、"聪明"和"敏捷"，从而在满足中不断获得成长和成功。

爸爸在哪里?

2013 年，湖南卫视的节目《爸爸去哪儿》火爆了荧屏。5 个一贯在演艺界光鲜耀眼的明星爸爸，在被自家孩子折腾得手足无措中慢慢学会了如何当父亲，而 5 个天真可爱的宝贝也在和爸爸相处的时间中得到了成长。皆大欢喜的娱乐效果令制片方很快把它制作成电影，并取得了社会效益和经济效益"双丰收"。

制片方称，中国亲子问题是关系到祖国未来一代能否健康成长的大事，而当前存在的较为普遍的问题是，一些做父亲的往往忽视甚至放弃了自己的教育责任，致使孩子在成长的过程中所受的父性教育严重不足。

国内外的研究都表明，父教对一个人的成长影响非常大。父母对孩子的教育方式一般而言是有区别的，父亲较多地承担起了立规矩、树底线的职责。著名的心理学家格尔迪说：“父亲是一种独特的存在，对培养孩子有一种特别的力量。”英国著名文学家哈伯特也说过：“一个优秀的父亲胜过100个校长。”从做父亲的那一天起，这就是一个终身职业。一个好爸爸，会学习怎样教育孩子，学习怎样爱孩子，用浓浓的父爱，为孩子撑起一片澄澈的天空。

《爸爸去哪儿》红火的原因是提出了爸爸在家庭教育中的责任和作用的普遍话题。

此话题一出，立即引来了反思与吐槽：中国的爸爸是全世界最不称职的爸爸?！中国爸爸把对孩子的养育责任都推到了妈妈身上?！

先看调查的数据：

2009年的调查显示，在1988名被调查者中，60.7%认为“现在的孩子缺失父教”，仅有13.0%认为“父教并不缺失”。在回答“在你的成长过程中，谁承担了更多的教育责任”时，46.9%选择了母亲，28.7%表示“父母均担”，仅有13.0%表示是父亲。

针对北京3～6岁幼儿的父亲的调查发现，80%的父亲认为自己工作忙，没有时间与孩子交流。对天津市1 054人的调查显示，一半以上的家庭存在着在子女教育中父亲“缺位”的情况，母亲是子女教育的绝对主角。

中国青少年研究中心2005年的一项关于“当代中国少年儿童发展状况调查”的数据显示，在被问到“心情不好时，谁最能理解、安慰你”时，仅有10.0%的少年儿童选择了父亲；在被问到“空闲时间，你和谁在一起的时间最长”时，仅有6.9%的人选择了父亲；在被问到“谁最尊重你，让你感到很自信”时，仅有15.5%的人选择了父亲；在被问到“内心的秘密，你最愿意告诉谁”时，仅有8.5%的少年儿童选择了父亲。①

无论在情感、陪伴、尊重、亲密还是在问题解决方面，父亲都缺位或姗姗来迟了，好像家庭教育又进入了“母系氏族社会”。怎么会出

---

① 佚名：《爸爸去哪儿：中国的爸爸们怎么了?》，南街网，2013年11月4日。

现这种现象呢？

其实在原始社会中，爸爸经常带孩子出门打猎，去探索外面的世界。但现在许多爸爸在家庭关系中成了影子，还有的爸爸甚至把家庭当成了旅馆。

那么，在父爱缺席的家庭里成长起来的孩子会出现什么问题呢？

首先是性别角色教育的缺失。对于男孩子，他们将会缺乏刚强、勇敢等男性特征的熏陶。过多地被照顾，使“小男人”代替了“大丈夫”；而对于女孩子，她们会学习不到如何与男性打交道，导致女性温柔、细腻的特质得不到展现和锻炼成长的机会。

其次是家庭责任感的缺失。父亲的家庭教育缺位，向子女彰显的是家庭责任感的缺位。其无形的示范作用使子女在做功课上，在帮助母亲做家务上，在对待同学朋友上，都缺乏认真负责的态度。如果孩子丧失了家庭责任感，将对他们独立成家后的家庭生活带来负面的影响。

最后是家庭和谐气氛的缺失。父亲很少在家助妻教子，减少了家庭生活的乐趣。母亲对此的抱怨所造成的夫妻吵架会进一步增加家庭成员间的隔阂，不利于孩子的健康成长。一个孩子的成长首先是一个家庭的成长，而一个家庭的成长首先是夫妻关系的成长。它营造出的家庭氛围是一个孩子健康发展的基础。

也许，回答“爸爸去哪儿”的问题，需要爸爸的责任感以及社会各界的综合考量。德国人的这种考虑可能给了我们一种参照。

德国企业的家庭友好政策过去一直针对女性员工，但现在情况开始改变。职场男人纷纷选择休育儿假，提出弹性工作要求，以便平衡家庭与事业的关系，这迫使德国企业文化进行调整。

一场文化变革似乎正在德国发生。根据一项调查，91%的父亲表示，即使是工作日，他们也想和家人在一起。德国联合政府联盟协议中首次出现一段关于“积极父亲”角色的话，并呼吁“创造更好条件，允许父亲和母亲公平地分担家庭和职业责任”。①

---

① Dawn 编译：《爸爸回家》，《南方都市报》，2014年3月2日。

中外爸爸对“爸爸去哪儿”问题的回答，都告诉了人们不称职爸爸和完美爸爸有区别的原因，首先在于家庭教育中爸爸的位置。通过和儿女一起成长的故事，爸爸们完成着为人之父者对自己行为的审视，明确以后该怎么走，那就是拉着儿女的小手一起前进。

丰子恺如何“丰子”

丰子恺是我国著名的漫画家、书法家和散文家。这样一位德高望重的大师，并没有因为工作忙而忽视对子女的教育，没有让子女们寻觅“爸爸在哪儿”。他在教育子女方面注意从微小的细节入手，进行言传身教。他常常和子女们一起玩耍，随时纠正他们的不良习惯和小错误，做到了名副其实的“丰子”。而他也从与孩子们的嬉戏中，得到了许多创作灵感。

丰先生的家教形式是多种多样的，其中家庭故事会很受欢迎，小孩都喜欢听爸爸讲故事。丰先生常常把一些古文、古诗词，中外历史、文化名人轶事通过故事形式讲授给孩子们听，孩子们也都听得兴味十足。但在讲完故事后，丰子恺要求子女们每人凭记忆把故事写下来，然后交给自己修改。这其实是丰先生教孩子们写作的方法之一。其女儿丰一吟觉得，这种办法不仅能锻炼记忆，还能培养文字表达能力。

丰一吟回忆：“在罗庄时，爸爸每周六晚上召集我们6个孩子开一次家庭学习会。为让学习会具有家庭聚会的欢乐气氛，爸爸还特别准备了糕点、果品。起初每次买5元，他便定名此会为‘和谐会’。用石门话来说，‘和谐’二字的发音与‘五元’近似。后来物价涨了，爸爸就买10元，并把这学习会改名为‘慈贤会’。‘慈贤’二字在石门话里读音与‘十元’近似。”

姜文的消失

姜文拍完《让子弹飞》电影后，几乎整整一年时间没有露面，与他一起消失的，还有两个儿子。原来，姜文带着孩子“移民”到新疆了，为期一年。他只是消失在媒体面前，但更多是出现在孩子们中间，回答了孩子“爸爸在哪儿”的疑问。

姜文的两个儿子一个六岁一个四岁，对两个孩子，姜文感到非常不满意。他们在家被长辈宠溺，还有专职保姆伺候，衣来伸手、饭来张口，个子见长坏脾气也见长，在家摔跟头后的第一反应不是自个儿爬起来拍拍灰尘走人，而是扯开嗓门号啕大哭，非得等人把他们扶起来用手拼命地打地“报仇”后才破涕为笑。

两个小子在家如狼似虎，可一旦出了门就马上变成怯生生的小白兔，大气都不敢喘。这样下去怎么得了？姜文决定给自己放个长假，好好地对两个儿子开展军事化的吃苦训练教育。

在北京是不行的，爷爷奶奶隔三差五就要过来看孙子，如果发现孙子吃苦受罪，自己的耳根一定不得清净。姜文想必须得去外地，越远越好。并且姜文计划的人数只有三个——他和两个儿子。再三考虑后，目的地最终确定为新疆的阿克苏。

在阿克苏的新家，无论是庭院还是屋内，都是土坯地面，墙壁光秃秃地裸露着，屋里摆放着老旧的木头家具，仅有的电器是一个太阳能热水器和一台电视机。

第三天，两个孩子的苦日子正式开始……

早晨6点半，他们就被姜文从热乎乎的被窝里拖了出来，三两下套上防寒运动衣，半梦半醒地被呵斥着开始了锻炼。姜文告诉他们：“跟着我跑，跑不动了走也行，转完这一圈才能回家。”这一圈大概一千米。

两个儿子的儿童餐没了，取而代之的是当地的民族餐食。除了正餐外，不提供巧克力、饼干、果冻之类的零食，但新鲜水果24小时敞开供应。

家里没请钟点工或保姆，两个儿子在姜文的指挥下担任起了保洁员。收拾床铺也包干到人。只要天气不恶劣，姜文就经常带儿子出去信步乱逛。小孩子的潜力是无穷的，最初没走几百米就叫苦叫累，但一个月后，两个儿子一口气能走上三千米，连粗气都不喘。

每天坚持锻炼，加上原生态的饮食结构，两个儿子的身体就这样一天天结实起来。周韵前来探望时目睹了他们超越同龄人的自理能力，没话说了——最好的营养品是吃苦。

自从姜文去了新疆后，朋友打他的手机，传来的永远是“您拨打的用户不在服务区”的语音提示。在新疆待了大半年后，两个孩子从“豆芽菜”长成了“红豆杉”，姜文打电话邀请了十几位亲友，来了一次浩浩荡荡的阿尔金山无人区穿越之旅。

最让大家惊叹的是，当一群成年人都因为高原反应而气喘吁吁、头疼欲裂、食不甘味、寝不安席时，姜文的两个儿子却精力充沛，拎着小弓箭追着野兔，对过滤后依然透出一股怪味的山泉水端起来眉头都不皱地一饮而尽……这哪里像是家境优越的明星孩子，完全就是两个扔在哪里都能放心，交给谁照顾都不用担心的“野孩子”。

起先还对姜文带着孩子奔赴新疆颇有微词的亲友们全都没话说了——加起来才10岁的两个小孩，比这帮大人还坚强，事实胜于雄辩，这怪招的确管用。

姜文说，如今的小孩，最缺乏的食物不是营养品，而是苦头。多吃苦是有百利而无一害的，既锻炼了身体，又增强了能力。少时吃苦不算苦，而是财富！他要趁着现在有时间有精力有想法，用行动告诉孩子——爸爸就在身边陪你们撒野！①

8.2 家庭文化的熏陶

人们都希望自己成为一个有文化的人，可文化是什么？许多领域的专家学者们对其定义也是见仁见智，说法不一。广义的文化指的是人类在社会历史发展过程中所创造的物质和精神财富的总和。它包括物质文化、制度文化和精神文化三个方面。

其实，从心理学的角度来说，凡是有人活动的地方，都会有人的心理活动，都有活动所积聚的文化。家庭是人类活动最基本的单位或细胞，因此记载人类活动的文化里当然少不了家庭文化了。

① 姜文：《孩子最缺乏的不是营养品是苦头》，《健康必读》，2013年第8期。

接地气的家庭文化

虽然，文化的定义五花八门，使它好像天上的浮云，高高在上，虚无缥渺，难以确定，抽象得只有人们仰望的份，所以难为普通老百姓所理解。但如果把文化和家庭联系起来称为家庭文化，那就易于被平民百姓接受而可谓接地气了。

如果要说得伟大点、崇高些，也可以说，家庭文化建设是21世纪的希望工程。现在，许多国家都在探讨如何提高本国公民家庭文化的质量，这使家庭文化一时成为世界性的热点话题。有专家认为，现在的中国家庭文化建设的内容有：一是以提高家庭成员素质为目标；二是以培养和塑造一代新人为重点；三是以尊重个性和发展个性为优势。

很少有家庭会用白纸黑字制定出制度来，家庭文化大都是沿袭下来的各个家庭的风俗，因此家庭文化更多地表现在心理文化中。

当父母带着刚会说话不久的孩子遇到亲友同事或邻居时，便会教小孩叫“阿姨”、“爷爷”之类的称呼。这种“教”的潜意识里就是让小孩学会“做人”。

“做人”就是做人的德行，其最低要求就是不伤害别人，再扩展开来便是老祖宗的说法“己所不欲，勿施于人”。某杂志曾调查发现，大家一致认同人的品格和道德最需要培养。

“十八大”报告中提出了社会主义核心价值观的三个层面：富强、民主、文明、和谐，是国家层面的价值目标；自由、平等、公正、法治，是社会层面的价值取向；爱国、敬业、诚信、友善，是公民个人层面的价值准则。

其中，第三个层面就是家庭要承担起培育“做人”的职责，这也是家庭文化的核心。

每一个家庭成员都是家庭文化的最大受益者或受害者，因为有什么样的家庭文化，子女就会有什么样的未来。良好的家庭文化对保持家庭发展的生命力与稳定的持续力起着积极的推动作用。夫妻恩爱，相敬如宾，孩子就学会了友善待人；父母喜欢读书，家庭学习氛围浓厚，孩子就会把接受知识作为乐趣；家长知恩图报，诚实守信，孩子就会孝敬父母，诚实做人。

反之，如果家庭里的大人经常骂人、贪小便宜、不遵守交通规则，反而要求孩子如何高雅，是绝对不可能的。消极、不健康的家庭文化会使家庭变得很糟糕，夫妻频繁吵闹打架，有信任危机，生活混乱，邻里、学校、单位的关系不和谐甚至恶劣，家庭成员就会严重缺乏安全感和幸福感，这样的家庭文化会使这个家庭走向大家都不愿看到的境地。

家庭文化是积极还是消极，完全与父母的学历高低、经济状况无关。其呈现着家庭成员对目前家庭状态的态度和感受，并且孩子也能够体会到这些。这种感受不在于父母是否教孩子做题了，而是时时刻刻表露出来的价值观和态度，然后是习惯、行为方式等。一些父母，虽然贫困艰辛，但是诚实劳动，生活态度积极向上，所以，他们的孩子也能够逐步养成这样的态度，这种态度可以潜移默化地影响到子女的学习及其日常生活中为人处事的方式。父母传达的适当期望变成了孩子成人和成才的动力。好父母不一定要懂得教育，其自身的素质更重要。

家风——家庭文化的核心

甲午马年新春期间，中央电视台派出几十路记者在各地进行“家风是什么”问题的海采。网友也纷纷通过微博、微信进行互动。有什么样的家风，其子女们往往就有什么样的做人做事态度和伦理操守，对于很多人来说，家风就是为人处世的道德信条，它会影响着人的一生。

有被采访者说道：

父母给我印象最深的是我跟母亲一起走的时候，路上有块石头，母亲就会把它拨到一边，到现在为止我也是，如果有块石头在马路中间，我会先看有没有车子，没有车子就跑过去，把石头捡开，这是父母给我们言传身教的结果。

我过年大部分时间都陪我母亲，她今年已经80岁了，我没有特别去记住她所说的家训，说你一定要怎么样怎么样，她只是用很简单的话来跟我讲，大鸭有大路，小鸭有小路，如果有水而不游的话，什么路都没有。我父亲告诉我要心宽，要知足，就这四个字，我后来经常应用在生活中。

历代人喜欢“光宗耀祖”，能够“光耀”祖宗并传承的东西，不就是成为当好人、做善事的良好典范吗？家风正是引导着我们掌握怎么先做人后做事的知识，而这种文化，也特别需要继续传承下去。

人类的祖先在制造和使用“国家”一词时，把“国”和“家”连在一起，真是巧妙极了。儒家提出“修身，齐家，治国，平天下”的理念，把个人、家庭、国家和世界连在一起了，其中最核心的是齐家与治国。它们的关系在成龙与刘媛媛倾情演唱的歌曲《国家》中，充分表达了出来：“一玉口中国，一瓦顶成家。都说国很大，其实一个家。一心装满国，一手撑起家。家是最小国，国是千万家。在世界的国，在天地的家。有了强的国，才有富的家。”

如果说家是国的细胞，那么家风就是社会和谐的基因。好的家风，会带来家庭的和睦、团结；千万个家庭的好家风，会带来社会的和谐、团结。有了好家风，我们这个民族和国家就有了凝聚力和上升力。

良好生活习惯的养成

学校里现在很强调学生良好学习习惯的养成。习惯，也包括生活习惯。但是当“不拘小节”成了人们不良习惯的辩护词时，它就不知不觉地成为具有“国际影响”的大问题了。

现在，世界各国凡是有旅游团到的地方，都可见到中国人聚集在大小商场的场景。时代的变化令国人有能力去世界各地走一走、看一看了。口袋里有钱能使人自豪或想到处炫耀，但把较差的素质和不良的生活习惯带出去则是损害了自己的名誉。“土豪”们在出游过程中所表现的“不拘小节”的粗俗，会让文明远离！

追求文化与文明的人们要思考，如何从孩子们开始，先让家庭文化起来，文明起来。

曾有人在微信中描写了这样一个人：

那个人把拖鞋整齐地摆在鞋架最底层，然后用钥匙悄悄把门锁上。邻居曾以为他一直呆在家里。

那个人站在黄色安全线外，静静排队候车，虽然车站里只有他一个人。

那个人在车上站了足足一个小时，尽管“老幼病残孕专座”就在他旁边空着。

那个人下车后轻咳了几声，走了2分钟，终于找到了垃圾箱。他把咳出来的东西吐到手帕纸上，严严实实包好，稳稳当当地放进“不可回收类”垃圾箱内。

那个人把报纸按页码排好，踮起脚尖走到门口，将报纸端端正正放到了3号报格上，出了阅览室。

那个人去了书店，把一本厚厚的小说从书架上拿下来，走到一个很少有人到达的角落，默读着。最后，那个人笑了。这本小说的第三自然段中这样写着：

“那个人无论走到哪里，都宛如一阵轻柔的风。风过后，他什么也没有留下，只留下一串气味，香香的气味。你可知道，这气味是他身上特有的味道。这种味道的名字叫作教养。”

微信中说的是教养，良好的生活习惯显示出了“他”的教养。重视“养”的家长应该明白，加上合适的“教”，才能培育出“教养”。

要培育“教养”，就有必要从小事、从小孩开始。一个幼儿园园长在微信中说：

无论我在哪里，我都愿意遵守公共秩序，把垃圾放进垃圾桶，痰吐在纸巾上包好放入垃圾桶，在公共场所小声说话，开车礼让行人，不急按喇叭，对面来车不开远光灯，任何场合都会排队办事，上下楼梯、电梯靠右，尊老爱幼。提高国民素质应从我做起，从你做起，从他做起，从全国的每个人做起。少些抱怨，马上行动！

这是幼儿管理者对从小培养良好生活习惯的感悟。但问题是，一些家长在家庭里不仅忘记了父母的榜样作用，反而把孩子从幼儿园里学来的好的行为习惯纠正成他们自己的不良习惯了。于是小孩对他们的“中国式过马路”不理解；于是小孩对他们动辄打人骂人的言行感到困惑；于是小孩对他们不爱读书却迷恋麻将桌而发出“全家人就我一个人读书”的嘟囔。这时，家长应该向孩子认错并改正，而他们所表达的平等意识和知错就改的良好态度会把坏影响变成好影响。最怕的是家长摆出架子骂小孩“懂个屁”，于是不良的行为习惯就强加和传染给小孩了。

外界通常对白岩松有一个误解，就是作为一个全国人民都熟知的“国脸”，他应该不会是一个好父亲：“他那么忙，哪来时间陪孩子，又拿什么影响孩子?”

白岩松对此不置可否，但他举了个例子，他家里住顶层，每到晚上需坐电梯回家。上了顶层后，他都会摁下“1层”，让电梯下去。因为晚上的大多数人都是回家，如此可以方便其他回家的人，缩短等待电梯的时间。后来，白岩松发现，他的孩子非常自然地也有了这个习惯，而他从未跟孩子说过“你该怎么怎么做”之类的话。

“家长是一个润物细无声的角色，所谓言传身教，你认为这个年龄的孩子，你天天摁在这儿，跟他讲大道理有用吗?”白岩松问。[①]

“近朱者赤，近墨者黑”这句真理永远散发着文化熏陶的韵味。

糊涂家长糊涂事

有人总结和列出了家长“十大糊涂的教育行为”，因为有些行为模式相同只是说法不同而已，所以，在此笔者就把它归纳成了五条：

1. 夫妻当着孩子的面吵架，甚至硬让孩子选边站

上榜理由：对孩子来说，父亲是天，母亲是地，而当“天地大碰撞”时，留在孩子心中的是永恒的“天塌地陷”般的恐怖记忆。有时候家长开玩笑地问孩子是更喜欢爸爸还是更喜欢妈妈，这种玩笑所付

① 邱晨辉：《谁的成长不是惊心动魄的》，《中国青年报》，2013年7月22日。

出的高昂代价，有可能是孩子终身无法修复的失落感和疏离感。

2. 对孩子说谎

上榜理由：黑夜给了我们黑色的眼睛，但黑夜并不能染黑我们的心灵，而谎言却是世上最高效的心灵“染黑剂”。

3. 带孩子横穿马路

上榜理由：那看似不起眼的“冒险”，埋下的却可能是将来违反一切社会规矩的冲动。

4. 对孩子的爱不稳定

上榜理由：忽冷忽热的态度和行为，会导致孩子极不稳定的情绪和性格，从而也就注定了孩子极不稳定的命运。

5. 忽视孩子的优点，拿自己的孩子与别人的孩子比较，当着其他孩子的面批评指责自己的孩子

上榜理由：所谓“优点不说也跑不了，缺点不说不得了”，这一貌似哲理的警句，告诉我们的是如果忽视孩子的优点，那么孩子就无法向你呈现其优点，由此失去的可能是孩子今后人生发展的优势。“恨铁不成钢”时最容易盲目与别人比较，它剥夺了孩子最宝贵的财富：上天赐予的独特权。它打击的不仅是孩子的自尊，还有可能是其一生的自信心。

家长中也有明智的。他们的高明之处不在于考虑自己是否吃亏，而是在子女面前表现为宁可自己吃亏也要善待他人，让孩子们在家长和大人身上，在社会周围的熟知和不熟知的人中体验。

中国著名作家梁晓声访问法国，他跟两位老作家一同坐车到郊区。那天刮着风，不时有雨滴飘落。前面有一辆旅行车，车上坐着两个漂亮的法国女孩，不停地从后窗看他们的车。前车车轮碾起的尘土扑向他们的车窗，加上雨滴，车窗被弄得很脏。他们的车想超过，但路很窄。他问司机：“能超吗?”司机说：“在这样的路上超车是不礼貌的。”正说着，前面的车停了下来，下来一位先生，先对后车的司机说了点什么，然后把自己的车靠边，让他们先过。梁晓声问司机：“他刚才跟你说什么了?”司机转述了那位先生的话：“一路上，我们的车始

终在前面，这不公平！车上还有我的两个女儿，我不能让她们感觉这是理所当然的。”梁晓声说，这句话让他羞愧了好几天。

糊涂家长与聪明家长的区别，就在于是否把这类“小事”看作道德行为，是否把它看作大人向小孩言传身教的机会。真正的爱的教育、聪明的教育正是体现在这些微乎其微的日常琐事之中。

8.3 夫妻与孩子

男与女因爱而结合成夫妻，孩子就是他们爱情的结晶。夫妻两人把爱传递到孩子身上，成为孩子健康成长的土壤。可是这土壤的肥力除了先天的养分，还得有后天的经营，因为里面有正在生长待开的花朵和将要结出的果实。

夫妻和睦传递的信息

英国有一句谚语：“妈妈在哪儿，哪儿就是最快乐的地方。”在母爱的怀抱里，孩子会自由、快乐、幸福地成长。真正的爱是一种互动，是一种传递。这样的温馨，还需要有一位深爱母亲的父亲，因为只有相亲相爱的父母、和谐的家庭才是建立良好亲子关系和孩子成长的基础。

一个爸爸对孩子最好的爱，就是好好疼爱孩子的妈妈；一个妈妈对孩子最好的爱，就是欣赏并推崇孩子的爸爸！

曾有一个人，讲了这样一个故事：

这天的咖啡店里，坐在我斜对面的，是一对外国夫妇。夫妻俩正在低声聊天，不知说到了什么，丈夫突然拉过妻子的手，放在唇边吻了起来。妻子笑着，脸上现出微微的红晕，眼睛闪亮。这对夫妻沉浸在他们的幸福中，旁若无人。

而他们的小女儿，在咖啡店里四处走动。她走到我的面前，就站住了，我对她做鬼脸，她捂着脸害羞地笑，真是很可爱。

在我的前面，也坐着一对母子。妈妈背对着我，正在给丈夫打电话："你这人怎么这样，咱们之间再大的问题，也得面对面谈啊，逃避不是办法。即便是离婚，咱们也得见面解决是吧？你这么躲着不见我，算怎么回事？孩子你也不见，你说有你这么做父亲的吗？"说到孩子，女人明显地哽咽了。

她的孩子，一个小男孩，坐在她的对面，拿着一杯冰淇淋，一下又一下地用勺子舔着奶油，神情木然，好像眼前的世界都和他无关。妈妈在对面哽咽，他看了看，又把目光转到别处去，神情还是木然的。

小男孩和小女孩，差不多的年纪，但给人的感觉却如此不同。只因为他们的母亲是不同的，一个沐浴在爱中，一个却正承受着丈夫的冷漠。

一位父亲能为孩子所做的最好的事，就是爱他们的母亲。因为生活在丈夫的爱中的女人，她的心是柔软的、舒畅的、温润的、安定的，她会宽容地对待身边的每一个人，会创造出一个愉悦温馨的家庭氛围。而一个家庭拥有一位这样的女人，最直接、最大的受益人，就是孩子。

无论是生理上还是心理上，孩子都是夫妻爱情的产物。孩子心里最大的愿望就是与爸妈在一起。通过做同一件事，孩子可以感觉"我们是一起的"，这就是归属感的需求。

当一个人在否定自己的先生（太太）时，他（她）传递给孩子什么样的信息？"你爸爸是懒惰、不负责的人，你以后不要像他一样！""你爸爸死爱钱，你以后不要像他一样！""你妈妈爱唠叨，你以后不要像她一样！" "你爸爸（妈妈）都不顾家，你以后千万不可以像她（他）一样！"

在这样的环境下成长的孩子长大后肯定会懒惰、不负责、死爱钱、爱唠叨、不顾家。因为他心里强烈地需要与他的父母连接，但有关他爸爸或妈妈却全是负面的信息，他当然只能跟这些信息连接，作出相同的行为来满足自己与爸妈连接的归属感。

当夫妻因为对方的行为而否定他（她）身为父母的身份，孩子就会和被排除的一方作出相同的行为模式。当你越不尊重对方，孩子就会越像对方。

既然与父母连接是孩子天生的心理需求，那就要提供更多正面的信息来满足孩子连接父母的需求。

当父母相互看到对方的优点并加以赞赏时，实质上也是把优点展示给孩子模仿。于是，这种赞扬显示着家庭的正能量！

“孩子你真了不起”、“你和你爸爸一样真聪明”、“你和你爸爸一样讲义气”、“你和你爸爸一样人缘很好”、“你和你爸爸一样很孝顺”、“你跟你妈妈一样很善良”、“你跟你妈妈一样很有爱心”、“你跟你妈妈一样喜欢学习”、“你跟你妈妈一样做事很认真”。

称赞孩子“像爸爸”、“像妈妈”，孩子归属感的渴望就会使他朝好的信息方向与爸妈连接，获得满足与快乐。

单亲家庭咋念经

“家家都有本难念的经”，可如今有一种叫“单亲家庭难念经”的声音逐渐大了起来。最近有记者对某城市一所小学进行调查，发现该校一至六年级18个班里，平均每个班都有三五个学生属于单亲家庭，有的班级单亲家庭的子女甚至占了三分之一。各种因素造成的家庭变故，使无辜的孩子蒙受着心灵的伤痛。

“离婚了，我有一种解脱的感觉，但对于孩子，我总觉得他陷入了我和他爸离婚的困局里，不可自拔。他老在问我，为什么要离婚？离婚了，他该怎么办？学校有活动，爸妈还能一起参与么？”离婚半年，令陈小姐耿耿于怀的不是当初的决定是否正确，而是为如何找到一种方法向孩子解释而彷徨。①

夫妻俩都是大人，在经营爱情中无论什么伤痛都必须忍受也可以忍受，但伤痛传递给正在成长中的孩子们，进而对他们造成的伤害，则是夫妻俩都不希望看到的。

但很多家庭由于对离婚的善后问题处理不当，无意中把夫妻间的矛盾变成了对孩子的恶劣影响。常见的有：

一是把“敌对斗争”扩大到拉孩子做“盟友”，不愿意让对方与孩子接触。有的则甚至干脆搬迁到对方找不到的地方，让孩子看不到父亲或母亲。有的则有意识地把对方贬得一无是处，向孩子灌输敌对

① 梁艳燕：《离婚了如何向孩子善后？》，《南方都市报》，2014年4月16日。

情绪。

二是因离异而内疚，觉得对不起孩子，因此，孩子有任何要求，无论是精神上的还是物质上的，都无条件满足，从而使爱变为了溺爱。

三是离婚后夫妻双方都不关心孩子，事实上加深了孩子在父母离婚时已形成的“爸妈不要我了”的印象。

对于离婚这种家庭变故，如何减少对孩子的负面影响，已成为大人们不得不考虑的问题。

首先，该如何跟孩子谈离婚？有专家认为，一是父母私下跟孩子谈谈离婚的问题，并允许孩子提出疑问。坦言双方离婚的原因，不要把过错简单地归咎于对方或让孩子站队式地表态。父母应让孩子把父母离婚当作“没什么大不了”的事情去接受，相信痛苦终将会过去。二是向孩子讲清楚父母离婚不是孩子的错。也应向孩子讲清楚，父母虽结束了婚姻，但双方依然会爱孩子。

其次，父母离婚后，不应该成为“仇人”，而应是朋友，经常来往，互相帮助。孩子不跟随的一方要抽空多去看望孩子；而孩子跟随的一方不仅不能阻止对方来看孩子，还要鼓励孩子主动跟对方多走动多亲近，让孩子真切感受到自己并没有失去任何一方的爱。这种新的离婚理念及其行为可以减轻孩子的伤痛而把它视为正常。

最后，尽量不要让离婚导致孩子的日常生活发生大的变动。比如参加学校组织的需要有父母亲一起出席的活动，双方可以共同带孩子去购物、游玩等，不时地询问孩子的生活、身体、学习等情况，让孩子仍然感受到来自父母的爱。

9　家庭民主盼实现

标志着中国新民主主义革命开端的划时代事件“五四”运动，高举民主与科学的大旗，把“德先生”与“赛先生”请进来，开拓了中国20世纪的文明之路。

被称为“德先生”的民主，是封建社会里人们看不到甚至想不到的东西。那时候看到的是“民主”少“一点”的“民王”：民王是平民之主，平民都是主子的奴仆，只能听主子的吩咐，于是便有了君与臣、父与子、夫与妻的关系中后者必须顺从前者的封建礼教。

封建社会早已进入了历史的垃圾堆，可是民主的传播却不是一朝一夕能完成的。

9.1　家庭专制的影子

专制与民主是相反的，二者是此消彼长的关系。在人们欢呼民主的同时，家庭里却不时看到专制的影子。

虎妈狼爸的市场

由于谐音的关系，以前厦大学生被谑称为“吓大的”，现在好了，北大学生真是“被打”出来的。被称为“中国狼爸”的萧百佑声称，只要孩子的行为、成绩不符合他的要求，孩子就会遭到体罚。在他的鸡毛掸子指挥之下，四个孩子中三个考取了北京大学，北大正式与“被打”扯上了关系。在这之前，也有关于虎妈把孩子打成才的报道。

虎妈，原名蔡美儿，美国耶鲁大学的华裔教授。她出版的名叫《虎妈战歌》的书在美国引起轰动。该书介绍了她如何以中国式的教育方法管教自己的两个女儿。她骂女儿垃圾，要求每科成绩都拿“A”，不准看电视，琴练不好就不准吃饭等。虎妈的教育方法轰动了美国教育界，并引起美国关于中美教育方法差异的大讨论。

如果说他们是成功的话，也只是按照中国家长目前的“成功”标准去教育自己的子女。考上了哈佛，考上了北大，好像成功了，但“考”上什么学校就真的代表成功了吗？棒棍底下固然可以出孝子，但是他们对社会与他人的关爱，以及社会所提倡的平等却作为牺牲品被葬送了。虎妈狼爸现象其实是中国传统文化中的教育弊端在人们心中留下的阴影。我们呼吁的是现代社会中亲子之间应该有的人间真情——平等和谐。

家庭教育没有中西方之分，不管虎妈妈猫妈妈，尊重孩子，和孩子共同成长，才是家庭教育的核心。真情是亲子关系的核心，所以“打”和“严”是不同的，后者比前者更能体现爱。苏联的教育家马卡连柯也提倡“严”，但他说：“关键的是你要体现‘严父般的慈爱’。”

如今的问题是由于家长的疏忽，连这体现了“慈爱”的“严”也没有了，家庭的情感变得冷漠。今天，城市化的进程给城市和农村的面貌带来了巨大的变化，却给儿童的健康发展留下了阴影。父母忙了，亲情丢失了。他们在本该回家陪伴亲人的时候，却出现在饭店、牌馆、洗浴馆或娱乐场所，陪客人谈生意、多方应酬。工作忙成了人们很少回家或不回家的正当理由。于是，人们提出要少陪领导多陪老婆。其实如果孩子是未成年人的话，就更应多陪陪他们。他们正处在情感发展之时，但现代家长看不到这一点，以为自己的责任就是给钱。他们给钱让孩子进好的学校，给钱让孩子买这买那，但孩子最缺乏的情感需要则是花钱买不到的，父母们不知道，也没有及时给予。

家庭冷暴力的泛滥

在中国，“冷暴力”正逐渐成为一个新的家庭问题。家庭“冷暴力”主要是指发生在精神方面的忽视、冷淡、轻视和疏远等。相对于传统的以暴力行为作为主要表现方式（如身体伤害）的“热暴力”，“冷暴力”是以言语为主要工具，减少甚至停止家庭成员间的言语交流，或者是使用侮辱性的言辞等来伤害对方的自尊心。因此“冷暴力”从一开始就是指精神虐待。

家庭“冷暴力”常常表现在亲子之间。一方面，家长们“望子成龙”、“望女成凤”的心态使得他们对待子女比较苛刻，对于子女不能取得自己期望的学习成绩或对孩子的行为表现不满意，他们就会用一些尖刻的词语或者故意的忽视来对待孩子。另一方面，处于叛逆期的子女会觉得父母保守、呆板，从而冷淡和忽视父母。

家庭“冷暴力”又称“心理虐待”、“心灵施暴”或“情感虐待”，对社会、对人自身的危害都很大，而这样一种隐蔽的伤害又极其容易被人们所忽视。它往往通过言语、神态、表情等表现出来，虽没有明显的身体外部伤痕，但却是对孩子人格的无情践踏，会在孩子心灵中留下阴影，甚至积淀到孩子的性格中去。生活在精神虐待中的孩子，终难成长为一个健康完整的人。

冷暴力是以语言伤人的。语言是家庭中父母表达爱、教育孩子的一种交流工具，但许多家庭没有顾及对孩子心健康的影响，使语言变成了鞭挞子女心灵的棍棒：

一是侮辱讽刺。如“你简直是个废物”、“你可真行”、“你这个没用的东西”等蔑视、侮辱、讽刺的话语。它激起的是孩子对自我和他人的敌意，他们可能会自我谴责、自暴自弃，或以过激的行动来反抗、抵制，严重影响着孩子的心理健康。正如鲁迅所说：“小时候，如果你不把他当人，长大后，他就成不了人。”

二是威胁恐吓。如父母对孩子说“我再也不管你了，随便你好了”、“你再不听话，我就不要你了”、“做不完作业，不许吃饭，不许睡觉”。这种话语会对孩子造成一种长期的无形的压力，孩子容易产生担惊受怕的情绪，不敢积极地行动，表面上的风平浪静掩盖了父母对孩子生命潜能的压抑。

三是贬低压抑。如“你根本不是读书的料”、“你要是能考上大学，太阳从西边出来”、“世界上再也没有比你更笨的了”。父母对孩子持怀疑和否定的态度，会让孩子觉得自己一无是处，从而产生自卑心理。

这种无能力感会破坏孩子对生活的希望，给孩子的生命涂抹上一层沉重的黑色。

四是抱怨哀求。这表现为父母在孩子犯错误时呈现出一种消极无力的教育心态。如："求求你别这样行吗?"这种方法或许会有作用，尤其是对于已懂事的孩子。但孩子往往难以真正意识到自己的错误在哪里，不会发自内心地对父母表达歉疚，而这给孩子带来的也只是一种消极的灰色的情感体验，同样会让孩子体验到一种无力量感，使孩子难以知道以后的努力方向。①

9.2 家庭民主的解读

民主时代的到来，使昔日的奴仆解放了，"人民当家作主"改变了社会。但民主作风在家庭中的进度似乎很缓慢。不喜欢老板或领导们那种居高临下的专制作风的家长们，却习惯于在家里对弱势的孩子指手划脚。在许多家庭里，民主似乎与孩子无缘。

家庭民主对儿童的解放

当孩子不能享受民主时，民主便打了折扣。其实家庭民主要从孩子的"解放"开始。

中国古代妇女有"缠足"的陋俗，女人用布把自己的双脚裹成"三寸金莲"，这是对妇女的一种摧残。著名教育家陶行知非常反对教育者对儿童天性的剥夺，他指责那种束缚儿童天性的做法就像"裹脚布"把青少年儿童的头脑裹成了"三寸金莲"。为此，他提出了要解放儿童、保护其天性的5点主张：

1. 解放孩子们的头脑，让他们去思考；
2. 解放孩子们的双手，让他们手脑并用，参加创造性的活动；
3. 解放孩子们的嘴，让他们说，让他们问；
4. 解放孩子们的空间，让他们博览自然，不要做关在笼子里的

① 摘编自孙传宏、杨海燕：《精神虐待——家庭教育语言的误区》，《当代教育论坛》，2005年第3期下半月刊。

小鸟；

5. 解放孩子们的时间，不要以无尽的考试压制他们的创造才能。

陶行知的主张主要是针对旧式的学校教育，但对我们现实中的家庭教育，对当代的家长们来说，仍然富有启迪意义。

因此，家长们要扪心自问：我们有让孩子自己去想，由他们说出自己所想的而不是父母自作主张吗？还是用呵斥去封闭他们的大脑和嘴巴？

我们给了让孩子动手干这干那而学会操作的机会吗？还是生怕他们弄坏这个弄坏那个而越俎代庖？

我们是随意放飞孩子的梦想，让他们自由飞翔，还是把他们限制在自己为他们划定的空间中？

白岩松并不认为"看球是瞎看，没啥用"，他认为这对孩子的成长很重要。白岩松举了个例子，孩子最喜欢的是曼城队，有一场事关曼城队夺冠的比赛，同样是在夜里看。在比赛接近尾声时曼城队还是1：2落后，但就在最后的四五分钟，奇迹出现了，曼城补时3分钟连入两球逆转，夺冠！

请问在人生中，哪有这么好的机会，让孩子感受到只要不放弃，结果就可能会发生逆转的例子。这种学习课堂上给不了。因此，即便是在那天，孩子一直到两三点还没睡，但白岩松相信，孩子第二天上课一定比以前学习得更认真。①

如果父母期望孩子以后能够走独立生活之路，成为能够独立思考、可以自食其力的人，那就要从解放他们，民主地对待他们开始。

诅咒与祝福

互相问候和祝愿体现了人际交往的平等。当我们由衷地祝福他人而不是诅咒他人时，所有的言行举止都会表达出我们的祝福和善意。亲子间虽有这种意愿，但往往少见于平常的对话中，"恨铁不成钢"的

① 邱晨辉：《谁的成长不是惊心动魄的》，《中国青年报》，2013年7月22日。

魔咒常常破坏了父母对儿女美好祝福的心愿。

您已经诅咒儿子多久了

在俄勒冈州，一位牧师和他的太太有个儿子，这个儿子已经带给他们许多烦恼。不仅如此，这个儿子已经离家出走断绝音讯三四年了。牧师于是找了一位咨商师，把他心中的苦楚告诉对方。

这名咨商师问：“你已经诅咒儿子多久了？”牧师很讶异：“这是什么意思？”

咨商师回答：“诅咒的意思就是说另一个人的错误。刚才你所说的，都在告诉我有关你儿子的不是。你这样诅咒儿子多久了呢？”

这位牧师低着头说：“是的，他一出生我就诅咒他到现在，对他，我从来都不曾说一句好话。”咨商师说：“结果是无效的，对吧？”牧师回答：“是的。”

于是咨商师说：“我要挑战你和你的妻子，在接下来的两个月，当你们想到儿子时，要祝福他，而不是想到他的过错。我要你们祷告，求上天赐福给他。当你们说起儿子时，我要你们记得他好的一面，说他的好话。”

于是牧师夫妇每天都坚持这么做了。

大约到了第十天，牧师正在书房念书，电话响了，电话的另一端竟是儿子。儿子说：“爸爸，我真的不确定为何我会打电话给你，我只想告诉你过去一个星期，我一直想到你和妈妈，还有我们的家人，所以我只想打电话给你，问问你们好不好。”

这位父亲说：“儿子啊！我真的很高兴你打电话来。”他们在电话中聊了几分钟，然后父亲问：“我不知道你心里怎么想，但周六我们要不要一起吃午餐？”儿子欣然允诺。

周末午餐时间，这对父子见面了。这个儿子穿着很破旧的衣服，留着一头又乱又长的头发。过去，父亲肯定会严厉地指责儿子，然而这次，父亲以接纳的态度面对儿子，并在心里祝福他。他问儿子问题后，就认真倾听儿子的回答。当儿子说到一些对的地方，他就及时给予肯定。

午餐约会快结束时，儿子望着父亲说：“爸爸！我不知道发生了什么事，不过我很享受和你在一起的这段时间。”

那一整天，父亲心里惊觉当他停止诅咒儿子，而以祝福替代之时，情况就有了极大的改变。那天晚上，当儿子躺在他自己的床上时，父亲来到儿子房间，坐下来对儿子说：“孩子，过去这么多年来我对你很不好，你愿意原谅我吗?”儿子说：“爸爸，我当然原谅你啊!”然后他就拥抱着父亲，从此，他们的父子关系开始和好。

我们种的是什么种子就收获什么果实，撒下诅咒的种子，就收获诅咒；撒下祝福的种子，收获的就是祝福。于是，人们感慨，伤害孩子或鼓励孩子，其实就在一句话。尽管那可能只是父母随意说出的一句话。

“一句话”满载的情感

“听话，妈妈才爱你。”这是大多数家长在教育孩子时用的口头禅。殊不知看似温柔的教导实际上给爱附加了条件。父母可以教给孩子规矩，可以在孩子不听话时表达自己“很生气”，但这种表达应就事论事，而不应联系到爱或不爱上。

“怎么就你跟大家不一样呢?”别看孩子小，但是一样有自尊、爱面子。如果总是拿自己的孩子跟别人的孩子比较，不仅会伤害他们追求个性的心理，甚至还会破坏孩子们之间的友谊。

“别整天琢磨那些没用的。”丰富的想象力正是孩子快乐的源泉，当家长以自己的行为意识去要求和管理孩子时，不仅扼杀了他们的天性，还会伤害他们的自信心，让孩子对生活丧失乐趣。

“养你这孩子有什么用。”家在孩子们心中永远是避风港，父母是孩子的守护神。如果家长一生气就这样说，会让他们产生被遗弃的危机感。孩子们不仅会产生对家长的恐惧感，还会慢慢地失去自己的自信心。

其实，父母可以这样说：

“妈妈爱你，但妈妈不喜欢你这样做。”很简单的两句话，不仅让孩子们明白了前因和后果的关系，自己也不会被儿女看作“坏家长”。身为父母，总免不了有时候会责备孩子，但最重要的是要将事情本身与做事情的人分开——这样，你的孩子会知道自己做了一件不好的事，但这并不意味着自己是个不好的人。

“你自己来作决定吧！”如果你想让孩子做某件事，或者是停止做某件事，我们建议你这样说。这么说是为了让孩子了解：他要为自己的行为负责任。

“不同的人有不同的需要。”把别的孩子拥有的东西当作自己也应该拥有同样东西的理由，这是小孩子们最常用来跟父母讨价还价的简单逻辑。这时一定要清楚地告诉他：“不同的人有不同的需要。”从而消除孩子之间的攀比心理。

“你来试试帮我解决这个问题。”如果你的孩子做了什么不好且让你生气的事，你可以这样说，说得就好像问题出在你自己身上，然后请你的孩子帮你想一个解决的办法。这样可以让孩子感觉到自己的解决办法是受欢迎和受尊重的，从而不把父母看作他的对立面。一起想办法可以让孩子记得什么事情应该怎么做。①

亲子沟通增理解

表达情感的一句话，其后面一定隐藏着某种原因。意大利著名教育学家蒙台梭利说过：“儿童的心灵是一个难解之谜。我们应该努力地探寻隐藏在儿童背后的那种可理解的原因。没有某个原因、某个动机，他就不会做任何事情。一个成人若想找到这些谜底，他就必须对儿童采取一种新的态度。他必须成为一个研究者，而不是一个迟钝麻木的管理者或专制的评判员。”

可惜许多家长没有耐心去寻找这些谜底。孩子在父母面前是无所不说还是噤若寒蝉，显示着民主这把揭开谜底的钥匙是否被家长所掌握，并成为家庭发展的关键。

2008 年，中国青少年研究中心在一项关于《中日韩美四国高中生权益状况比较研究报告》中探讨了青少年与父母交流方面的问题。结果显示，中国高中生最少和父母聊天，日本高中生最经常和父母聊天。调查显示，82.0% 的日本高中生、73.8% 的美国高中生、70.1% 的韩

① 童立方：《最让孩子快乐的 5 句父母之言》，搜狐教育，2006 年 1 月 24 日。

国高中生表示表示“经常和父母聊天”，但只有54.8%的中国高中生“经常和父母聊天”。相比较而言，更多的中国高中生觉得烦恼无处可诉。①

从儿童自身心理原因来说，孩子的独立性发展到了一定阶段后有了自己的隐私，而从家庭气氛来说，则是家长对孩子不知该说什么和怎么说，好像说的内容多是问学习成绩，而说的方式多是居高临下的教训或命令。于是孩子的秘密就更多了，父母极想知道这些秘密并希望提供相应的“帮助”却不知如何开口。

秘密还得靠孩子从嘴里说出来，沟通是解决亲子问题的关键。一个网友看到了一篇《亲子聊天术》，文章文笔细致，言之成理。在此转贴与大家分享（由于篇幅所限，这里有删减）。

亲子聊天术

很多大人不太会跟小孩聊天，他跟小孩之间的对话永远都是：“功课写完了没？”“琴练了没？”“今天考几分？”别把质问当聊天。这种状况比较像是质问，很难称作是聊天，因为通常都是以问句始，以斥责终。

我检视自己的“聊天技巧”：我到底是用了什么魔法，可以让孩子愿意向我诉说？其实说穿了，这些小技巧一点儿也不困难，你也可以做得到！

1. 问“小”不问“大”

孩子跟大人不一样，他们很难理解抽象的问题，也很难回答。因此，想要了解孩子在学校的概况，就要尽量避开“抽象”、“大范围”的问题，而要从细节开始。

以前孩子刚上学时，我跟孩子聊天的开头常常是：“今天的营养午餐（或点心）有哪些呀？”“你们班上谁吃得最多？谁吃得最慢？”“你今天早上去学校跟谁玩？早自习在做些什么呢？画画课画些什么呢？”“你们班最多人喜欢的男生是谁啊？你喜欢谁呢？”借由一些生活小事

① 李亚杰、璩静：《中国父母普遍对孩子抱有较高的学历期望》，新华网，2009年3月29日。

打开话匣子比较容易，这些问题简单易懂，孩子通常都会争先恐后地回答，也不会感觉到压力。

2. 从别人的事谈起

小孩刚入学时，我想知道她在学校的状况，因此在聊天过程中，我先问她班上最调皮的是谁？她说了一个名字。“他做了些什么事惹老师生气呢？”女儿如数家珍地说：“上课讲话啊！还有昨天用东西砸同学的头！”“那老师怎么办？”“老师罚他站啊！”“站多久？”“站到下课啊！超惨的！”“啊！真的啊！好可怜喔。都不能坐下，脚一定很酸。”“对啊，下课也不能出去玩！”“哇！你们老师这么凶啊？”“还好啦！有一点凶。”“那你有没有被老师凶过？”“没有！我很乖。”“喔！好险！所以你都没有被老师罚过站喽？”她迟疑了一下。我赶紧说：“你也被罚过站啊？好可怜。你有没有哭？”她摇摇头说：“没有。”我接着问：“啊！老师这么凶，你都没有哭啊，很勇敢。”“不是啦！我不是被这位老师罚的，我是被健体老师罚的。”“喔！也是讲话吗？”“是啊。不过还好只罚一下站！”于是，我就从这样的一段对话，约略得知她对老师的观感、上课的情形，以及老师对于孩子的调皮行为如何处置等等。在聊天过程中，我们就能窥见孩子处于什么样的位置，对同学的行为有什么样的看法，然后了解孩子在我们看不见的时候，是用什么样的身心状态去处理事情的。

3. 不要“否定”，只要“同理”

大人跟孩子聊天，常常否定孩子的感受。比方当女儿说“自然课无聊死了”的时候，我绝对不会接着说：“自然课不无聊啊！天气、气象是一件很有趣的东西……”只要你这么一说，这个话题就聊不下去了！因为当孩子觉得你并不认同他说的话时，他后面的话很容易就咽了回去。

比较好的方式是回答：“喔，自然课很无聊啊，你可以告诉我是什么让你觉得很无聊吗？”“因为我本来以为自然课可以做实验、看酒精灯之类的，结果都是坐在教室里上课！无聊死了！”保持中立的语调、同理感受他的感受，往往可以让你知道孩子更多的想法，了解他的需求，进而帮助他解决困难。

4. 只要“倾听”，不要“说教”

很多时候，聊天只是一种发泄。有时骂别人的，但其实是骂给旁人听的，但不一定要旁人帮我们解决问题，只是纯粹聊天而已。让聊天回到聊天，想要孩子诚实地说出感受，很重要的一个步骤，就是只要“倾听”，不要“说教”。任何一种话题的聊天，只要沦落到说教与听训，那就无趣到极点了！所以，聊天时可以对对方、对话题保持高度的兴趣，多询问，少评论，多说“你”，少说“我”，就很容易让话题源源不断地继续下去。

5. 聊天时注意肢体语言

适当的肢体语言，会让孩子觉得你重视他，想要认真和他聊天。我在和孩子聊天时，都尽量以平行的目光注视着他。如果孩子还小，那就蹲下来；如果是个大孩子，那就拉着他的手坐下来。即使是手边在忙着叠衣服、洗碗，在跟孩子讲话时，也必须时时转头看他的表情。因为注视别人、专心倾听，就表示你很在乎跟他谈话。

另外，大部分的孩子都喜欢亲密的接触：握握他的手，摸摸他的头，搂搂他的肩，理理他的头发，拍拍他的背等等。通常，对有一定熟识度的孩子适当地使用一些肢体语言，都会在聊天时产生非常积极的效果。

亲子阅读好处多

如果说亲子聊天是通过口头语言表达民主平等、促进相互了解的方式，那么亲子阅读则是通过共同欣赏书面语言达到民主平等、陶冶性情、增长知识、共同进步的目的。

谁都希望自己有文化，谁都承认有文化的人读的书多，2014 年 4 月公布的第十一次全国国民阅读调查显示：2013 年我国成年人人均读书为 4.77 本。这虽比 2012 年的 4.39 本有所提高，但仍远低于韩国的 11 本。美国伊利诺伊大学理查德·安德森教授的一项关于中美儿童阅读量课外阅读比较研究的结论称：“一个中国普通家庭和一个美国普通家庭为孩子提供阅读材料的经济能力大体相当，但是美国儿童的阅读量却是中国儿童阅读量的六倍。”在这个知识爆炸的时代，一个有着五千年历史的文化古国，人们却不爱读书，不能不令人尴尬。

让孩子文化水平高，并不是代表要他文凭如何高，而是希望他读书多。根据有关“儿童阅读”的研究发现，六岁到十二岁是阅读的最佳时期，这时的他们就像一块海绵，遇水即吸；不限题材，不拘类别，凡是新鲜的、有趣的，他们都喜欢，特别是能够表现人生种种考验的故事，更能够满足他们。当他们碰到感动人的文字，决不吝惜付出他们的热情，他们希望书籍能引起他们的情感共鸣。以下是教育专家列举的关于家庭亲子阅读的种种好处。

首先是表达平等意向、增进感情沟通。孩子自从懂事以来，最先接触的人是父母。共同的生活，拉近了彼此间距离。亲子书籍的共同阅读，能分享彼此的感动，在无形中增进彼此的感情。

其次是提高语言能力。喜爱阅读的孩子在听、说、读、写方面的语言能力特强，他们从书中领悟复杂的意思，欣赏优美语言的精妙，也自然提升了自己的写作能力。

再次是阅读可增加知识、培养个人的兴趣和能力。阅读可以使孩子涉猎多方面的知识，包括文学、历史、地理、科学、政治等，增广见闻，补充了课堂知识的不足，并培养了相关兴趣和具有批判意识的独立思考能力，对孩子的学习大有裨益。

此外，从小阅读可以让孩子培养把阅读作为正常的休闲娱乐的习惯，一方面把业余时间与精力花费在阅读上，达到娱乐身心之目的，另一方面养成孩子终生学习的习惯，不断地提升自己的本领。

当然，孩子阅读习惯的养成也不必在6岁以后。此前，孩子虽然未经系统地学习认字，但可以通过边看图认字边讲故事来引起孩子阅读的兴趣。当今父母都非常繁忙，与子女在家庭中接触的时间较少，但是无论时间再怎么紧张，陪伴孩子阅读有如吃饭穿衣一样必不可少。亲子阅读的增加，也说明了家教水平和家庭文化水平的提高。

对亲子早期阅读行为的调查分析发现，2012年我国0~8周岁儿童的家庭中，平时有陪孩子读书习惯的家庭占到87.5%，较2011年的85.9%增长了1.6%；在这些家庭中，家长平均每天花费26.67分钟陪孩子读书，比2011年的24.15分钟略有增加。

这种可喜的情形还应该继续改进，为了孩子，更是为了民族。

9.3 尊重与信任的真谛

互相尊重与信任，从大的方面来说是国与国之间真诚、平等交往的前提，从小的方面来说是人际交往的根本，也是实现家庭民主平等的基础。

家庭是人们成长的起点。而对于一个人的成长来说，没有什么能比人格的力量更为重要。健康的人格使人积极向上、不断进取，终有所成，而人格的缺陷则会使人不求上进、碌碌无为或自甘堕落。尊重使人自尊，人格始于自尊，自尊使人自信；人格的缺陷也多是由于自尊、自信的丧失。

尊重与信任显示着平等

不论在什么社会，不管人们如何被不合理的制度分为三六九等，人生来都是平等的。每个人都应该具有平等的人格尊严，而人格尊严要靠尊重与信任来维护。英国教育家洛克说过："儿童一旦懂得了尊重与羞辱的意义之后，尊重与羞辱对于他们的心理便是最有力量的一种刺激。"

尊重与羞辱是两种截然相反的感受和态度。感到羞辱恰恰是自尊的觉醒，维护自尊就是为了避免羞辱的伤害。这种精神上的需要也是孩子的追求，自尊的满足将使孩子产生满意、喜悦、欢乐的积极情感体验，使之感受到家长的关怀和爱护，从而更正确地去理解和更愿意地接受家长所提出的要求，并自觉地落实到自己的行动中去。当家长给予子女以尊重和信任时，即使家长有时所提出的要求比较高、比较难以接受，孩子也不会产生敌对情绪，而是努力地按照家长的要求去做。

马卡连柯说："如果有人问我，我怎样能够以简单的公式概括我的教育经验的本质，我就回答说，要尽量多地要求一个人，也要尽可能地尊重一个人。"正是尊重的土壤，培育着未来的人才。

尊重就是从孩子出生的那天起就开始跟孩子讲道理，耐心征求孩子的意见，秉承"我不同意你的观点，但我誓死捍卫你说话的权利"

的原则。不要指望打骂孩子就能让孩子学会服从。杀鸡给猴看的结果往往是猴子也学会了杀鸡。

著名发明家爱迪生幼年时求知欲很强，喜欢追根问底，但他的考试成绩总是全班倒数第一，因而常常受到老师和同学的嘲讽。他向老师提出了"2加2为什么等于4"的问题，被认为是故意扰乱课堂秩序，还被校长辱骂为"低能儿"。所以，他只读了三个月的书，就被勒令退学。三个月的时间虽然不长，但爱迪生饱受冷嘲热讽，幼小的心灵受到伤害。爱迪生的母亲下决心亲自教育孩子。母亲很懂得尊重与信任孩子，从不训斥他，而是根据孩子的特点进行教育，使他那遭受创伤的幼小心灵得到了慰藉，求知欲被进一步激发起来。经过刻苦努力，爱迪生终于成为一代杰出的发明家、物理学家和企业家。如果没有母亲的尊重、信任、教育和鼓励，爱迪生被赶出学校之日，也就是这个发明家夭折之时。

难怪现在人们常对教师和家长说："你的鞭子下有瓦特，你的冷眼里有牛顿，你的讥笑中有爱迪生"，为的就是让尊重和信任回到孩子中间，使他们能够在民主平等的环境中健康成长。

亲子间是朋友

尊重与信任既是人的需要，也是良好教育的前提和目标。但是对于如何尊重与信任孩子，不少的家长颇感茫然。尽管许多家长都认为这很重要，但实践起来却感到无从下手。这其中既有观念的原因，也有方法的问题。

有着根深蒂固的封建家长制观念的家长，其所津津乐道的不是父母对孩子的尊重信任，而是孩子对父母的绝对孝敬顺从。在他们的内心深处，孩子只有无条件地听话与服从，于是把亲子关系变成了"管理者与被管理者"的关系而不是平等相处的朋友关系。

他们认为子女服从父母是天经地义、亘古不变的规矩信条。因此，他们不会产生也不愿产生"尊重与信任孩子"这一概念。即使是稍为"开明"一点的家长，在尊重与信任的问题上，对朋友可以做到尊重与信任，但对自己的孩子却做不到，因为他们担心甚至可以说是害怕这样做会失去做父母的“威信”，而没有意识到这正是确立父母威信的最有效的途径。

对于这一类家长，急需的是改变自己的观念，承认孩子也是活生生的人，然后以朋友的态度去对待他们。这样，其他的一切就会变得顺畅自然、得心应手了。

另一些家长明白应该尊重孩子的道理，知道尊重与信任可以维护和培养孩子的自尊心和自信心，但却常常不知道怎样做才能恰到好处地展现出尊重的姿态。对于这一类家长，急需的是掌握一些具有普遍性和原则性的方法。它们不是医治某种疑难杂症的特殊秘方，而是处理一系列问题的“药理”。

方法之一：放低身段

小孩刚学走路和说话时，父母会弯下身子靠近他们，并以小孩能够听得懂的语言对他们说话，那就是放低身段。放低身段给孩子的感受是：平等而温馨。可是，这种感受却在孩子逐渐长大后消失了。孩子长大了，父母当然不必弯下身子对待他们，但问题是父母不想再把身段放低下来，而是高高在上地显示其威严，以这种威严来告诉子女，他们的话语是“教诲”、“指令”。于是小孩学到的是在压力下的“服从”，而不是“信服”后的遵从；学到的不是平等待人，而是以势压人；“听话”的后面是权力、拳头和金钱在说话。这三者脱离了民主和法律的框架对话，经常把世间的事情搞得一团糟。

方法之二：诚恳商量

家长对待孩子时态度要诚恳，才能使孩子体会到家长的诚意，体会到家长对自己的尊重。一个不被尊重的孩子不仅没有自信，他以后也不知道如何尊重别人，因为没有人给他示范过如何尊重他人。自信，来自自尊，一个人首先要自尊，然后才会自信。

自尊最初是来自外界对他的尊重。想要孩子变得自信，首先父母和社会都要尊重他。父母的当务之急不是让孩子学认多少个字，背多少首诗，做多少道题，而是要尊重孩子的细微感受，遇事与孩子诚恳商量，交换意见。“我希望你这样”与“我要你这样”相比，“你能否那样”与“你必须那样”相比，显然前者更容易使孩子觉得家长可亲可敬，也更容易培养孩子的自信心。

阿基米德是古希腊杰出的科学家。他生活的时代，古希腊的文化已趋衰落。他的父亲费狄亚也是一个科学家。父亲期望他能承前启后，成为一个有作为的人，于是给他取名阿基米德。在希腊语里，这是杰出的思想家或第一流的思想家的意思。费狄亚以他渊博的知识精心培养儿子，制订了一套使儿子成为科学家的计划，但他没有强制儿子去执行，而是诱导他。每一个重大步骤，他总是征询儿子的意见，尊重孩子的意愿。他想把儿子送往闻名世界的学术中心埃及去深造，但他并不是直截了当地宣布自己的决定，而是和孩子一起到海边游玩。在玩的过程中，费狄亚指着远方问儿子："你知道那是什么地方吗?""是埃及。""对！在埃及有个港口叫亚历山大里亚，那里集中了很多著名学者，还有藏书丰富的图书馆，你愿意到那里去学习吗?""我愿意。""要漂洋过海到那么远的地方去，你不怕航行中大海的波涛会把你吞没吗?""不怕。"当费狄亚发现远去埃及求学已成为儿子的自觉要求和坚定意愿时，才决定送他去深造。

方法之三：不忘赞赏

每一个人在心理上都有获得肯定与赞赏的需要，赞赏是对孩子的思想行为给予肯定的评价，包括赞许、表扬和奖赏等形式。它能使孩子产生愉快、满意的心理，孩子受到鼓舞、激励，就会增强自尊心和自信心。如果一个孩子感到自己是被别人赏识的，自己对别人来说是重要的、有意义的，那么他就会自然而然地产生愉悦的、自我肯定的感觉，心里就会充满自豪和自信，从而不断地巩固和发展其思想行为。惩罚则是对孩子的思想行为的否定评价，包括批评、处分、体罚等方式，它能使孩子产生内疚、痛苦的心理，唤起其羞耻心，也能使孩子从所犯的过失或存在的缺点中吸取教训，从而克服或改正其思想行为。

但如果孩子平时听到的总是训斥、挑剔、责备甚至挖苦，一个小小的过错就被家长抓住不放并没完没了地进行批评，继而觉得自己很失败，什么都做不好，他就会否定自己的能力，产生自卑心理，进而失去对学习和生活的热情。

方法之四：放手尝试

父母在孩子幼小时候那种"放手就飞、抓紧就破"的谨小慎微的心态，以及由此而导致的一再否定孩子想法的做法，会把孩子刚刚萌芽的自信心和初步尝试的独立性一点一点地扼杀掉。

做父母的常常会有意无意否定孩子的感觉，说出不信任孩子的话语。比如孩子说太热了，不想穿外衣，妈妈就会斥责孩子："热什么热？妈妈一点都不热。"孩子想帮忙端盘子，妈妈就会马上说："你端不稳的，会把盘子打破。"孩子要尝试一件新事物，有的父母马上会说："得了吧，你那两下子我还不知道，别丢人现眼了。"甚至孩子成人了要找对象，父母依旧参与其中，百般干涉。

不敢放手让孩子去尝试成功与失败，凡事包办代替，那孩子真的是永远长不大了。这不是建立平等的朋友关系，仍然是保持家长与子女间依赖服从的不平等关系的办法。

育儿经

有人在微信上传递着一位父亲育儿的经验。他从不说教或打骂，而是平等地和儿子交谈，让他自己去获得正确的认识，确实能给人启发，我将其称为"育儿经"。

儿两岁。某日，头撞桌角，出一肿包，儿大哭。

一分钟余，我走向桌子，大声问：

"桌子呀，是谁把你撞疼了？哭得这么伤心？"

儿止哭，泪眼看我。我抚桌，冲儿问：

"谁呀？谁撞疼了桌子？"

"我，爸爸，我撞的！"

"哦，是你撞的，那还不快向桌子鞠个躬，说对不起！"

儿含泪，鞠躬，说："对不起！"

自此，儿学会了责任和担当。

儿6岁，好吃。某晚，放学经麦当劳，驻足：

“爸爸，麦当劳！”垂涎欲滴状。

“嗯，麦当劳！想吃?”

“想吃!”

“儿子，一个人想吃就吃呢，叫狗熊；想吃而能不吃呢，叫英雄。”

接着问：“儿子，你要做英雄呢还是做狗熊?”

“爸爸，我当然要做英雄!”

“好！那英雄想吃麦当劳时会怎样呢?”

“能不吃!”很坚定!

“太棒了，英雄！回家吧。”

儿流着口水，随我回。

从此，儿学会了有所为而有所不为，经得起诱惑。

儿8岁，顽皮，与大同学打架。伤痕累累，回，大哭不止。

“委屈?”

“委屈!”儿泣答。

“愤怒?”

“愤怒!”儿号啕。

“你打算怎么办?”再问，“需要爸爸为你做点什么?”

“爸爸，我要找块砖头，明天从背后去砸他!”

“嗯，我看行！爸爸明天为你准备砖头。”继续问，“还有呢?”

“爸爸，你给我弄把刀，我明天从背后去捅他!”

“好！这个更解气，爸爸这就去准备一下。”我上楼。

理解支持，儿渐平静。约20分钟，我从楼上搬来一大堆衣服及棉被。

“儿子，你决定了吗？是用砖头，还是用刀呀?”

“但是，爸爸，你搬那么多衣服被子干嘛?”儿困惑。

“儿子，是这样的。如果你用砖头砸他，那么警察就会把我们带走，在监狱里大概只要住一个月，我们就带些短衣薄被就可以了；如果你用刀子捅他，那么我们在监狱里至少3年回不来，我们可要多带些衣服被子，四季都要带齐。”

“所以，儿子你决定了吗？爸爸愿意支持你!”

“要这样的？”儿惊愕。

“是这样的，法律是这样规定的！”我趁机普法。

“爸爸，那我们就不干了吧！”

“儿子，你不是很愤怒吗？”

“嘿嘿，爸爸，我已经不愤怒了，其实我也有错。”儿脸红。

“好，爸爸支持你！”

自此，儿学会了选择与明辨是非。

儿9岁，四年级，数学不及格，闷闷不乐。

“怎么了？考试不及格，还给我们脸色。”

“因为数学老师很讨厌，她的课我不爱听。”儿理直气壮。

“哦，怎么个讨厌法？”我很感兴趣。

“……”儿说了很多，“总之她也不喜欢我。”

“哦，别人喜欢你，你就喜欢她；别人不喜欢你，你就讨厌她。这说明你是个主动的人还是被动的人？”

“是个被动的人！”儿子回答。

“是强者，还是弱者？是大人，还是小人？”继续问。

“是弱者，是小人！”儿怯怯。

“那你要做大人，还是小人？”

“做大人！爸爸，我知道了。无论老师喜不喜欢我，我都可以去喜欢她，尊敬她，主动影响她，做一个强者。”

翌日，儿开心上学，数学从此优秀，并知道了何为大人，何为小人。

儿13岁，初一，成绩一般。某日突然问：

“爸爸，读书有用吗？考试成绩有用吗？”

“为什么问这个？”我一怔。

“这几天，家里来了很多叔叔阿姨，你总跟他们讲现代教育是5 000年来最糟糕的教育？”哈，儿子旁听了我与朋友们的高谈阔论。

“没错呀，读书、考试确实没啥用。”

“那我为什么还要去读这些没有用的东西呢？”

“那是因为你还小，先搞些没有用的东西，试试你的本事。如果你连这些没用的东西都做不好，等长大以后，有用的东西也肯定搞不好。所以，读书虽然没有用，但你还是要去读好它。”

“哦，爸爸，我有本事把书读好！”

从此，儿子成绩优秀。

儿子，其实人生也是虚幻不实的，但日子还得认真过，以假修真的中庸精神需要我们一生去体会。

这种“育儿经”终于使我们明白了应如何放低身段，在平等商量中引导孩子自己去认识、去体验、去寻找出正确的前进道路！

10 给子女的财富

善于为孩子一生考虑的中国家长们，常常也会考虑到今后给子女们留下什么财产。他们把它作为自己对家庭以及子孙后代发展的责任。历史是靠一代接一代延续的，当然会有遗产的考虑，但家长们应该留下的是什么遗产呢?

10.1 富贵是什么

“大富大贵”是人们逢年过节时互相祝福的话语，春联上也常写“花开富贵，竹报平安”的词句。人们希望家庭和子孙后代都这样，实质上反映了人们普遍的愿望。但人们常常以为这只是对钱财的祈求，因而在不讲经济只谈政治的年代里，人们认为“大富大贵”是剥削阶级的思想言论而容易遭到批判。且不说此话语在阶级划分上的荒谬，仅把“大富大贵”作为钱财方面的事，也是一种狭隘的见解。

西方有一句名言：“在巨富中死去是一种耻辱。”这是超越了财富的文明，但可惜许多人眼中只有财富，没有文明。“富贵”二字中，前者是富，后者是贵，被称为当代新儒学集大成者的哲学家牟宗三先生说：“一般算卦相面的都知道，富和贵不是一回事儿，富是物质的，贵是精神的。”

富是物质的

有的家长以为，孩子的成长与成功应以是否有车有房和有赚钱的职业为标准。为了这种标准，家长们努力让家里有充足的财富，以使自己和家人享受终生。于是，为钱而奔波劳累的全家齐上阵取代了家庭和睦、欢聚的美好图景。而许多父母在对子女的无私给予中，也把金钱看作最好的东西。

富或财富只是意味着拥有钱财，对于健全的人来说，财富并非人生追求的唯一目标，甚至可以说不是主要目标。人的真正幸福在于高层次需要的追求与满足，在于个体人生价值的实现。

微信上有个笑话：

一个刚到法国留学的阿拉伯男生给老爸打电话："法国是好地方，但我每次进学校有点尴尬！"老爸问："为什么啊？咱不差钱！"男生解释道："别人都坐地铁上学，就我开个大奔驰上学。"老爸说："爸马上给你转2亿过去，别丢人，赶紧去买个地铁。"

富翁老爸不差钱，以为有钱什么都可以买到，但他缺少的就是用钱无法买到的精神。笑话讽刺的是外国富豪，但讥笑的也是中国的一些认为钱就是一切的"土豪"父母。

只富不贵被人们看作"土豪"。2013年10月间，"土豪"高票当选网络世界最热的流行词，外国媒体在使用时不知如何翻译，便用译音而产生了新词。一场毫无意义的网络狂欢却生动地反映出了一些新富的群体的"暴发户心态"。使用者心照不宣地认为，作为人人调侃的流行语"土豪"，是现实世界里富而不贵群体的代名词。"富"与"贵"的区别在这场狂欢中被生动地诠释了。

有人用娱乐的形式解说着、调侃着"土豪"。他们把曾经疯传的歌曲《爸爸去哪儿》的歌词改编成了《土豪去哪儿》，于是网上有了许多好事者编写成的歌曲：

我的心里只有你最酷/虽然身高才一米五/但你的金链比我手都粗/带上不知怎么走路

谢谢你滚出你这怪蜀黍/土豪的世界非你的国度/开着兰博基尼狩猎魔物/我先走了你自己撸

……

也有人以嘲讽“富二代“的口吻编唱了同学之间的对话：

同学：

我的班里有个人很富/三星苹果他都能入/他的钱包有一点鼓/在我面前只会炫富

土豪：

谢谢你光顾我的小金库/你是我见过最穷的人物/钮扣住一个班的穷富/向你炫耀啊风雨无阻

同学：

土豪土豪我们去哪里啊/有你在就天能拍地能买

土豪：

穷逼穷逼我是你的金库/一生给你来炫富

土豪：

这是第一次当个老大/我们的心里都有点复杂/你拼命赚钱我不让你花/给你写下账单一打

同学：

土豪土豪我们去哪里啊/有你在就天能拍地能买

土豪：

穷逼穷逼我是你的金库/一生给你来炫富

……

同学：

土豪土豪我们去哪里啊/你就是我的银行和信用卡

土豪：

穷逼穷逼时间的手一挥/我还要向你炫富

大合唱：

啦啦啦啦

歌曲只是调侃，但现实中却真实地上演着“土豪去哪儿”的闹剧：一位执掌山西最大煤炭民企的煤老板，2012 年曾经以 7 000 万元嫁女而震惊人们，两年后却而因债务问题而被警方带走调查了，“土豪”变成了“负翁”。我们不知道他“去哪儿”的最终结局如何，但离开了“贵”，“富”始终走不远，也就逃脱不了“富不过三代”的魔咒。

贵是精神的

中国的有钱人多起来了，于是有的家长把孩子送到英国上贵族学校，希望他们毕业后也能成为贵族。但即使是英国最好的学校——伊顿公学的学生，他们也并没有养尊处优睡软床，他们吃粗茶淡饭，每天还要接受非常严格的训练，甚至比平民学校的学生还要艰苦。

学生在贵族学校过这种苦行僧式的生活一点也不稀奇，因为西方所崇尚的贵族精神不是暴发户精神，不是口袋有钱就觉得拥有一切，不是养尊处优，住奢华别墅、买豪车、打高尔夫，过着挥金如土、花天酒地的生活，那不是贵族精神。

俄罗斯哲学家别尔嘉耶夫说过：“贵族的首要标准是看一个人精神所达到的高度，而不是看他拥有多少物质财富。”所以贵族精神，首先就意味着这个人要自律，要克己，要奉献自己、服务国家。他以荣誉、责任、勇气、自律等一系列价值为核心。

英文里的 noble，除了有“贵族”的含义外，还有“出身高贵的”、“高尚的”、“伟大的”、“崇高的”、“卓越的”、“辉煌的”等含义。“贵族精神”则包括高贵的气质、宽厚的爱心、悲悯的情怀、高洁的精神、承担的勇气，以及坚韧的生命力、人格的尊严、人性的良知、不媚、不娇、不乞、不怜，始终恪守“美德和荣誉高于一切”的原则。

“泰坦尼克”号的女主人公伊文思小姐在上了救生艇之后又回到快沉没的大船上，把逃生的希望让给两个小孩，并说：“坐我的位置吧！我没有结婚，也没有孩子。”于是，她成为 1 500 多不幸遇难者中的一个。看到这里，著名作家梁晓声感动地在报道该事故的《连环画报》的空白处写下了如下一段话：

贵族——我以为，更应该作这样的解释——人类中心灵很高贵的那一部分人。或曰那一“族”人。他们和她们的心灵之光，普照着我们，使我们在自私、唯利是图、相互嫉妒、相互倾轧、相互坑骗、相互侵犯的时候，还能受着羞耻感的最后约制……①

“泰坦尼克”号失事后的记录显示，绝大部分的船员，包括船长和该船总设计师都遇难了。他们是最有逃生条件的人，但他们都在自己的岗位上因尽职而献出了生命。船上头等舱里有好几位百万富翁，虽然船员邀请他们登上救生艇，但他们却把逃生的机会让给了妇女和儿童，结果逃生的人群中女性多于男性。这些记录使“泰坦尼克”号永垂不朽。

储安平在其《英国采风录》中说：“凡是一个真正的贵族绅士，他们都看不起金钱……英国人以为一个真正的贵族绅士是一个真正高贵的人，正直、不偏私、不畏难，甚至能为了他人而牺牲自己，他不仅是一个有荣誉的人，还是一个有良知的人。”

有人说，支持贵族精神的，是文化的教养、社会的担当和自由的灵魂这三根重要的支柱。他们不以享乐为人生目的，严于自律，扶助弱势群体，担当起社会与国家的责任，在权力与金钱面前敢于说不，超越时尚与潮流。概括起来就是干净地活着，优雅地活着，有尊严地活着。他们不会为了一些眼前的现实利益，而背信弃义、不择手段。基于这样一种意义，精神的贵族不一定富有，富有的人也不一定是贵族。因为贵族精神不是用钱可以买得到的。

“坑爹”的苦果②

一个朋友疑惑：“为什么外国人的姓名中名字在前面，而中国人姓氏在前面?”于是有人告诉他：“因为外国社会只看你是谁，不问你爸是谁。而在中国，别人不管你是谁，他们比较在意你爸是谁!”且不论该回答是否准确，但中国确实在不断上演着“不肖之子”怎么“坑爹”的丑闻。

---

① 梁晓声：《人生真相》，长沙：湖南文艺出版社 2012 年版，第 252 页。

② 米春艳：《过于追求个性塑造让孩子没了底线》，《南方都市报》，2013 年 3 月 6 日。

曾经的“我爸是李刚”，以及后来的“富二代炫富”和“李××轮奸案”等负面事件，使得官、富、星二代（以下简称二代）作为一个群体被关注，被贴上“财富观的扭曲”、“人生价值观的迷失”、“社会责任感的缺失”等标签，甚至有人因此评论，官、富、星二代教育失败甚至“坑爹”已经成了一种普遍存在的社会现象。

不少家长认为孩子只要出人头地就是成功，孩子的成功也是父母的成功。于是，为了孩子能成功，不少父母让孩子上好的学校，玩好的玩具，穿好的衣服，住好的房子……于是，父母们忙着挣钱，甚至忙得没有时间跟孩子相处。难怪“爸爸去哪儿”会成为孩子们普遍的呼声。

有的父母虽然有时间与孩子相处，但却过度满足、纵容孩子，不让孩子受一点委屈。于是给孩子种下了任性、冲动、易受诱惑等不良性格的恶果。

一个叫埃里克森的心理学家认为，教育成功的标志是把孩子培养成既充满活力又熟悉社会规则的人，这是家庭教育要掌握的两个维度。首先要尊重孩子的天性，从而让其创造性得以发挥。其次要明确孩子的社会属性，让其熟悉规则。这规则就是纪律、法律规范和道德底线。

有家庭教育咨询专家认为，官、富、星二代的最大特点是拥有更多的资源与更多可支配的东西。当官的有权力，富人有钱，明星有人际关系，有公众舆论的关注。“这样就让家长们在教育的时候更多地动用自己现有的资源去支持孩子，比方说让孩子上最好的幼儿园、小学以及中学，甚至不到高中毕业就送出国。同时还会请很多家庭教师辅导孩子，给他报各种兴趣班。官、富、星二代的孩子从小就成长在这样的环境下。然而家长在为孩子设计好一切的同时，也在无形中滋生和助长了孩子的特权意识。”特权意识使家长和孩子都在遵守“规则”的社会属性中表现不及格。

不称职的父母注重对孩子物质财富的供给而忽视精神财富的传承，造成家庭教育着力点的偏差，这就有可能成为孩子长大后行为失当的诱因。

其实，现在的官、富、星家长们，其自身的素质通常不会太差，正是由于他们对传统教育有反省，不想给孩子太多限制和束缚，使之有个性、充满活力，但往往矫枉过正而变成了纵容，使孩子过了“界”。家长本应是守望者，但只看到儿女自由地嬉戏玩耍，却没有在他们玩到危险的边缘时及时地发出“到此止步”的喝止，因此他们失职了。家长们失职后便只能自尝被“坑爹”的苦果而后悔莫及。

穷养与富养

俗话说：“穷养儿富养女”，这句话似乎成了传统养儿育女的“金科玉律”，但无论对儿子还是女儿，父母最基本的教育就是培养宝宝的自信、自立和智慧，希望他们成人成才。

古话言：“艰难困苦，玉汝于成”，意指艰苦的条件能像琢磨璞玉一样，只有经过磨炼，才能帮助人成就大器。儿女要想成才，只有不回避“艰难困苦”，方能“玉汝于成”。如果他们过早地亲近“甜”，远离“苦”，看似爱之，实则害之。

我们这里所说的“穷养”就是让孩子吃点“苦”，并非一定要吃糠咽菜来忆苦思甜，承受不必要的非人折磨和痛苦，而是让父母减少对儿女的娇生惯养和包办代替，让他们从小多一些经历、多一些锻炼，培养他们坚韧、顽强的性格。

“穷养”内涵一：让儿女过点“苦日子”。优裕的物质生活和给孩子大量的金钱，是葬送孩子美好未来的第一杀手。

“穷养”内涵二：让儿女体验挫折感，承受一点狂风暴雨的侵袭。免得他们意志不坚定，心理承受力差，稍遇不顺心或挫折就走极端，出现诸如离家出走、自杀之类的现象。

“穷养”内涵三：让儿女学会独立生活，不要做“衣来伸手，饭来张口”的少爷小姐。

“穷养”内涵四：让儿女适当受点委屈，从中学会坚强，并加深对生活的认识。

“穷养”内涵五：让儿女学会承担责任，敢于担当。

“穷养”内涵六：让儿女多点乐观和爱心，为人处事更大度，以乐观的心态和善良的心体验生活的美好。

“富养”看似“甜”，但其真正内涵是从小要培养儿女的气质，开阔他们的视野，增加他们的阅世能力。

"富养"内涵一：鼓励——鼓励着养，而不是打骂着养。人都爱听好话、鼓励的话、令人振作的话，这些话语恰似每天给小树浇灌的水分，令之蓬勃向上。

"富养"内涵二：疼爱——疼爱着养，而不是溺爱着养。疼爱不是代替儿女去吃苦，而是理解他们遇到的苦楚，鼓励他们以顽强的方式去自己克服面临的困苦。

"富养"内涵三：负责——负责任地养，而不是放任地养。前者是尽为父为母的责任使子女成人、成才，后者是放任自流的溺爱。前者由于修剪枝杈而使树苗笔挺成材，后者是任由树苗肆意生长而横生枝杈。负责不是严管而是守望，守望着儿女在底线以内的广阔空间里自由地发挥其特长。只有在他们超越底线可能遇到危险时，才发出不能越界的警报。

穷养与富养，都是一种智慧，一种父母应该必备的智慧。

10.2　困境磨炼的营养

穷养通过困境给予磨炼，其营养在于补充当今孩子成长过程中容易缺少的"钙"。这种"钙"是培养坚强、柔韧、抗挫能力时不可缺少的营养成分。

抱着走可以代替自己走吗？

世界上的许多事情，都可由他人代替去做，唯独路要靠自己走。被抱着长大的人最终是无法自己站立于坚实的大地之上，并向成功的未来迈出第一步的。

当婴儿离开母体来到人世间时，他还仅仅是个必须由成人抱着、喂着的弱小的生命。直到一年以后他才能自己站立，开始迈出摇摇晃晃的脚步。这时，即使是最愚蠢的母亲也绝不会因为怕孩子摔跤、擦破皮肉而紧抱着不放，不让他们练习行走，以便今后让他们更好地走自己的路。对此，受到现实惩罚而停止行动的"行为主义"无法解释小孩为什么摔倒了还会站起来走。但马斯洛的"人的需要"理论却解释了这一切：因为人有"自我实现"的需要，人总是要向发展的可能性迸发。站起来行走就是人发展的需要，是“自我实现”的第一步。

于是，在父母希冀的目光下，孩子的步伐便由摇晃到稳当，由小步到大步，由走平地到走山川……这是生命发展的必然过程。

然而，作为高级动物的人在自然的道路上也能行走自如甚至健步如飞，并不意味着他在人生的道路上能阔步前进。在人生的道路上，同样存在一个“学走路”的问题。人能否稳当地站立于社会，在人生道路上迈出成熟的步伐，不是一二年或三年五载所能完成的，它至少需经过十几二十年的社会化过程。

人的社会化过程也正如学走路一样，是不能由任何人代替的，它也有从爬行到摇晃地学步的幼稚开端。如果父母因怕孩子摔跤受苦而越俎代庖，那就剥夺了孩子在生活中学习、在实践中锻炼的机会，使他们在社会化过程中进展缓慢，迟迟达不到甚至永远达不到稳重和成熟。

可是一些父母却企图“抱”着孩子去走完孩子的社会化进程。

首先，他们片面地理解了人在社会化过程中学习的基本途径，从而把孩子的社会化局限在“进名校、得高分”的狭小范围内。

其次，家长为孩子的一生作了过分周密的安排。有的人认为，尽管自己的孩子不及别人，但家里会把他的工作、生活安排得称心如意，认为这样做可以让他走上到达幸福生活目标的捷径。因此，当孩子即将进入社会时，他们考虑的是孩子该从事什么职业，而不太关心孩子怎样才能成为社会的合格公民。于是，家长终生为子女忧愁、奔忙，诠释着“可怜天下父母心”的丰富内涵。

学校、少年宫、特长班里都有家长们忙来忙去的身影，他们或排队报名，或在后门里挤得头破血流，而这只是为了争指标抢名额，让儿女“不输在起跑线”上。

孩子好不容易考上了大学，可是家长还不能松口气，非要千里迢迢送他们上学并亲自给他们擦洗宿舍、整理床铺。

孩子大学毕业了，家长还为他们以后的去向操劳。或为他们继续读书而奔波，或到处打探好的职位。为了让孩子在社会上有一个好位子，他们甚至不惜四面出击、托人求情，或处心积虑、滥用职权，把孩子安排得妥妥当当。

他们也许从未想过，在竞争日益激烈的社会，他们的这种“精心”安排是否可保孩子永无忧虑，平安无事？

再甜也要苦孩子

改革开放初期，穷怕了的人们知道，为了孩子今后不再受穷，于是把大办教育作为振兴一家的大事，并提出“再苦不能苦孩子，再穷不能穷教育”的口号。

三十多年过去了，改革开放让人们的口袋里塞满了钞票，给社会带来了财富。于是苦孩子变成了甜孩子，穷教育变成了富教育。但“不能苦孩子”的口号却依然在许多家长头脑中根深蒂固。时代变了，恐怕今天的口号应该是“再甜也要苦孩子”，因为我们今天更怕“甜”坏了孩子而让他们患“糖尿病”。

四十多年前，曾有一首京剧唱段“穷人的孩子早当家”，如今仍有人在传唱。该唱段所流传的其实就是剧名所传递的真实信息。现在我们消灭了“穷”，但它所包含的“苦”、“挫折”和“逆境”对人成长的磨炼却是必不可少的营养。

孟子说：“天将降大任于斯人也，必先苦其心志，劳其筋骨，饿其体肤，空乏其身，行拂乱其所为，所以动心忍性，曾益其所不能。”我们许多人都是小人物，承担的不是“大任”，而是“小任”，但道理是一样的。我们如果没有相应的素质，就难以很好地完成某种任务或某项工作。而要具备某种素质，首先要接受相关的训练。孟子的话虽然带有唯心主义的色彩，却也说明了一个浅显的道理：一个人，如果不经受各种锻炼，特别是逆境的磨炼，是难以担当重任的。

《国语》中有“敬姜论劳逸”和“叔向贺贫”的故事，表达了古人对顺境和逆境的看法。敬姜是鲁国大夫公父文伯的母亲，虽然家境优越，但依然纺麻织线，劳作不辍，她认为：“劳则思，思则善心生；逸则淫，淫则忘善，忘善则恶心生。”她希望自己做高官的儿子忠于职守，在做好本职工作的同时，一定要谨记勤俭节约，不要贪图安逸。贪图安逸会诱发人们内心的贪欲，而贪欲最终会葬送自己的前程乃至生命。

叔向是晋国大夫，有一次他去拜访晋国正卿韩宣子。韩宣子正为贫难而发愁。叔向却向他表示祝贺。宣子感到奇怪，问是何缘故。叔向说："从前栾武子没有百顷的田产，他掌管祭祀，家里却连祭祀的器具都备不齐全。可是他能够传播美德，遵循法制，闻名于诸侯各国。诸侯亲近他，少数民族戎狄都归附他，因此使晋国安定下来。传到桓子时，桓子骄傲自大，奢侈无度，贪得无厌，犯法胡为，放利聚财，该当遭到祸难，但依赖他父亲栾武子的余德，才得以善终。传到怀子时，怀子改变他父亲桓子的行为，学习他祖父武子的德行，本来可以凭这一点免除灾难，可是受到他父亲桓子罪孽的连累，因而逃亡到楚国。现在你有栾武子的清贫境况，我认为你能够继承他的德行，所以表示祝贺，如果不忧虑德行是否有所建树，却只为财产不足而发愁，我表示哀怜还来不及，哪里还能够祝贺呢?"宣子于是下拜，并叩头感激叔向此番话语的恩德。

钱财买不了的东西

一些富翁，在常人眼中看来过的是"豪华"生活，但事实并非如此。因为这些"富翁"更着重子女的"贵"，这是钱财买不到的东西，是可以让后人继承的精神财富。

当今世界首富比尔·盖茨唯一崇拜的人是大家熟知的美国石油大王洛克菲勒，不只是因为他是美国现代史上的第一富豪，更是因为他超乎常人的财富观。

洛克菲勒家族的财富观①

洛克菲勒家族的财富可以用庞大的货币数值统计出来，但是这个家族的财富却不仅仅体现在数字的攀升和财产的积累上，这顶多只是个"副产品"而已，这个家庭的富有更多的是在观念上。

老洛克菲勒说："财富绝不仅仅是拥有金钱，它还包括健康、幸福、富庶、丰富、开心、学习、知道自己要什么、享受、平衡以及分享。各位都应当善用财富，如不能好好利用财富，它就会变成我们的

---

① 晏红:《洛克菲勒家族的家教财富》,《少年儿童研究》, 2005 年第 7 期。

一种负担，而善用财富则胜过拥有财富。”

洛克菲勒的后代子孙们用自己的言行演绎和诠释着这个家族的财富理念和理财教育成果，继续留给后人很多经典的财富理念：

“财富不在赚钱之中，而在于使人在赚钱中成为真正的人。”

“财富指的是你生活品质的程度，而非你赚钱的多寡。”

“财富并不是指你能赚多少钱，而是你赚的钱能够使你过得多好。”

“对成功追求的过程，其本身对于许多人来说就是一个目标，而在那些人眼里，利润只是一种值得付出努力的副产品。”

“我们是否拥有财富与我们对待财富的态度和创富过程中明智的选择关系极大。正确的态度将我们引上致富之路，错误的态度却可能导致人财两空。”

正是因为洛克菲勒家族把财富看作人生奋斗的“副产品”，所以他们对子女的理财教育实际上是对子女做人的教育。

作为微软公司的前董事长比尔·盖茨，起家于1975年创办的微软。他用了不到20年的时间即于1994年登上福布斯全球首富之位。2008年6月，比尔·盖茨正式退休，他在遗嘱中宣布拿出98%给自己创办的以他和妻子名字命名的“比尔和梅林达基金会”，将这笔钱用于研究艾滋病和疟疾的疫苗，并为世界贫穷国家提供援助。比尔·盖茨在接受英国BBC电视节目访问时说：“我和我的妻子已一致同意，将把我的个人财富返还给社会，而不会把它们留给子女。”

那么他给子女留下了什么财富？可能是他唯一崇拜的洛克菲勒的财富观：累积财富，就当累积成社会文明，只有当全社会拥有了财富，创造了文明，个人与后代才拥有不竭的财富来源。

比尔·盖茨从小培养儿子的独立意识

比尔·盖茨的儿子一出生就备受人们的关注。孩子上学的第一天，盖茨领儿子去学校报到。他把儿子送到教室后对他说：“今天你已经认识去学校的路了，从此以后爸爸妈妈就不会再接送你了，一是没有时间，二是没有必要。”从此，孩子每天都自己背着书包穿过三条巷子去学校，放学后再自己回家。有时候回来看到家门紧锁，他并不像其他小朋友那样害怕，哭着四处找大人，因为爸爸早就告诉过他，让他自己想办法到附近任何可以去的地方去。

盖茨说：“培养孩子的独立性，不是让孩子仅仅具有独立的意识和态度就够了，还必须让孩子自己去经历，让他自己扫除障碍。”

华人中也有富翁意识到用金钱买不到人的宝贵素质。

李嘉诚重视培养孩子做人的道理

李嘉诚曾说过，教导子女时百分之九十九应该教给他们做人的道理，即使现在他们长大了，也应该是三分之二教他们如何做人，三分之一教他们如何做生意，因为真正重要的是处理人与人之间的关系。他认为，教育孩子应该培养他们独立的意志品格，不能娇生惯养，更不能溺爱，而这与家财多少没有关系。

他的两个儿子从斯坦福大学毕业之后，想在父亲公司施展才华，但是被李嘉诚拒绝了。李嘉诚说，他不希望他们未经社会的风雨就直接进入自己的公司，他觉得他们不够格。兄弟俩去加拿大发展，李嘉诚并不帮助他们，这似乎有些冷漠得不近人情。后来李泽钜开设了地产开发公司，李泽楷成了多伦多投资银行最年轻的合伙人，工作都小有成就，成为加拿大商场中的佼佼者。当兄弟俩两年后返回香港，进入李嘉诚的公司工作时，李嘉诚充分肯定了兄弟俩的出色表现。

10.3 心理的财富价无穷

钱财买不到人的宝贵素质的这一财富观，使人看到真正的财富在于人的心理，它是宝贵的心理资本。穷与富，快感与快乐，成功与成长的差异恐怕也于此。

心理资本的价位

有个古老的印度传说，讲的是老鼠因为害怕猫，终日生活在痛苦和恐惧中。一位巫师同情它，把它变成了一只猫。可是，它又怕起狗来了，于是，巫师又把它变成了一条狗。可是，它又怕起豹子来，于是，巫师又把它变成了豹子。随后，它又对猎人心怀恐惧。这一次，巫师没有再施法术把它变成人，反而把它变回了一只老鼠，并对它说："无论我怎么做也帮不了你，因为你一直有颗老鼠的心。"如果你的心不改变，没有人可以改变你！

这个故事告诉我们，心不改变，一切都改变不了！人们在社会的发展中也看到了这一点，于是心理资本开始显示出它的独特优势。

工业革命刚开始之时，人们重视金钱、土地等物质方面投入的资本。改革开放初期，事实上我们在补工业革命的课，也重视这种资本的投入。于是招商引资、经营土地成为一些地方和官员拉动国民生产总值（GDP）增长的法宝。但紧随着的知识经济时代的到来，人力资源以及社会资源等软实力开始被重视了。而今天，已经发展到人的精神层面，逐渐地考虑心理资本了。

心理资本是企业除了财力、人力、社会三大资本以外的第四大资本，包含自信、希望、乐观、坚韧等情绪智力的东西。企业的竞争核心不是财力，不是技术，而是人。人的潜能是无限的，而其根源在于人的心理资本。其中许多因素与个人的成长、成功有关，也与道德有关。人的成长离不开道德的成长。

财力资本考虑的是"你有什么"、"有多少"，诸如钱和土地；人力资本强调"你知道什么"，诸如知识与技能；社会资本强调"你认识谁"，诸如社会关系或人脉；而心理资本则强调"你是谁"及"你想成为什么"，关注的重点是个体的心理状态。

心理资本至少包含以下几个方面：

第一方面是自信。有句话说："放弃谁都可以，千万不要放弃自己！"这就是自信。相信自己能够克服困难、战胜困难，并获得成功和快乐，才会对未来充满希望。

第二方面希望希望。人生下来就充满着对长大、成人、成功的渴望，一个没有希望、自暴自弃的人不可能创造什么价值。挫折可能会毁灭一个人的希望，但乐观的人会坚持为希望而努力着。

第三方面是乐观。乐观者把不好的事归结到暂时的原因，而把好事归结到持久的原因，比如自己的能力等。而悲观者则相反，他们向生活的困难投降，甚至自杀，给家人朋友带来无尽的痛苦。而乐观者在挫折面前则充满了韧性。

第四方面是韧性。他们从逆境、冲突、失败、责任和压力中迅速恢复，不屈不挠地坚持心中的希望和梦想。①

当然，我们还可以列出更多的方面，但不管有多少方面，其实都是指人的情商。情商高的人充满了积极乐观的人生态度，既相信自己的力量，也能感受到他人的喜怒哀乐并富于同情心。他们具有进行自我激励、有效地掌控自己情绪的能力，于是充满了幸福感。自己心里觉得幸福，同时通过自己的努力还可以使他人幸福，达到共同的、真正的幸福。于是心理资本就高贵起来，它拥有无法用金银衡量的价值！

穷与富的心理差异

从表面上看，穷与富好像是钱财上的差别，如果探究其原因，并除却社会制度上的原因而从个人考虑，那么二者更多是心理上的差别。所谓“富不过三代”的说法，就是因为父母没有给予子女这种“富”在心理的传授。

这种分析不是对外在原因造成的结果的评判，而是从个人内在原因上对精神富有的肯定。为了避免“嫌贫爱富”的嫌疑，笔者把“穷人富人”说成“穷者富者”，并把二者视为在心理上有差别。

差别一：穷者把贫穷看成苦难根源，富者看成幸福沃土。穷者认为贫穷是自己一切苦难的根源。子女抱怨自己没有有钱的父母；妻子抱怨自己没有找个有钱的丈夫；更有人抱怨家庭中没有有钱的亲戚可以帮助自己……有个地方官员在大会上告诉听众自己发现了“穷”的秘密是因为没有“钱”。此话引起哄堂大笑，其原因是这种只拿钱财说事的“发现”其实是同一内容的反复。但起步于贫穷的富者，则把贫穷看成幸福的沃土，他们感谢自己曾经的贫穷经历，使他们不得不进取，从而产生了致富的强烈愿望，提升了自己致富的本领，获得了丰厚的物质回报。

---

① 施铁如：《道德怎么了》，广州：广东高等教育出版社 2014 年版，第 208 页。

美国黑人小孩福勒，家里有七个兄弟姐妹，他5岁就开始干活，9岁就赶骡子谋生。但他却有一个不平凡的母亲。她经常告诉自己的儿子福勒："我们不该这样穷的，我不愿意听你说，我们的贫穷是上帝的意愿。我们的贫穷不是由于上帝的缘故，而是因为你的父亲从来就没有产生过致富的愿望。家族里的任何人都没有过出人头地的想法。"

从此，福勒从小就有一个概念在心中深深扎根：贫穷，是因为没有产生过要致富的想法！这个观念改变了福勒的一生，使他最终变成了富人。多年之后，在谈到自己的成功时，他依然用母亲的话来回答："我们这么穷，是因为父亲从来没有产生过致富的想法。而我，虽然不能成为富人的后代，但可以成为富人的祖先。"①

差别之二：穷者看到的是障碍因而知难而退，富者看到的是机会因而迎难而上。穷者和富者的距离，不仅体现在顺境之时，更体现在逆境之中。穷者在逆境中，多看到不利因素而选择放弃，回到老路。因为老路安全而没有风险。富者在逆境中，多选择逆流而上，从中寻找机遇。他们知道，不利和有利永远都是相辅相成的，成功伴随着困难，只要去发现、去改变、去挑战，就会找到惊喜。

李安是当今世界上最成功的华人导演之一。1999年，因执导《卧虎藏龙》首次获得奥斯卡金像奖最佳外语片奖；2006年和2013年，凭借《断背山》和《少年派的奇幻漂流》获得第78届和第85届奥斯卡金像奖最佳导演奖；迄今已经获得三次奥斯卡奖，两个威尼斯电影节金狮奖和两个柏林电影节金熊奖。李安小时候读书成绩不好，两次都没考上大学，上了大专后先学影剧科，后改学话剧。由于对电影的热爱，他报考了纽约大学，1984年以《分界线》作为其毕业作品从纽约大学毕业。该片获得纽约大学生电影节金奖作品奖及最佳导演奖。但机遇没有那么轻易垂青于他，在接下来的六年时间里，他没有拍一部电影，仅仅靠着妻子微薄的薪水维持生计，甚至当起了家庭妇男。但他没有放弃自己对电影的追求，最终成就了自己和中国电影。

---

① 辛月：《穷人做事富人做势》，北京：北京理工大学出版社2009年版。

差别之三：穷者相信创造财富靠的是运气，富者相信创造财富靠的是勤奋。相信运气就会在挫折中找借口、抱怨、怨天尤人、否认一切，从来不去反省自己的问题。于是听天由命无所作为，或走邪路去获取不义之财；知道创造财富富要靠勤奋就会去学习知识、提升自己，在失败——成功——再失败——最后成功的路上磨炼自己，一步步成为强人。

差别之四：穷者缺乏自信，富者充满自信。穷者遇到困难，缩手缩脚，就放弃了，并消极地认为："这个很难，这个不可以，这个做不到，我真的不行，这个事情不是我能做的……"穷者觉得问题比方法多，于是问题就真多了。事实上不是客观上困难多了，而是主观上被困难吓住了。富者成功不是因为命好，不是遇到的问题少，而是他们有一个坚定的信念，并告诉自己："办法多过问题，我一定能够找到解决问题的方法和策略，并战而胜之。"

差别之五：穷者害怕失败，便停止行动；但富者即使担心失误，也依然付出行动。不管是穷者还是富者，不管是失败者还是成功者，都逃脱不了恐惧。可是在恐惧来临的时候，穷者与富者就有截然不同的思考模式。穷人一恐惧，就立刻放弃，立刻开溜，立刻逃避。富者也有恐惧，可能比穷者的恐惧还多。富者即使恐惧，只要作了决定，就会采取行动，就会做好。安东尼·罗宾说："因为我恐惧，所以要行动"，这才是富者的思想。

心理好才是真的好

《2010 年上海中小学生安全情况报告》显示，上海中小学生自杀死亡人数呈上升趋势。其中，因与家长发生争执或不满意家长的管教方式而自杀的6人，因情感、学业压力等原因自杀的有 2 人。专家认为，竞争压力、亲子矛盾、父母过高期望，以及学生心理调节能力差等原因，都是中小学生心理疾患人数增多的幕后"黑手"。

曾有一名母亲拿着正在重点中学上高二的孩子的遗书来找青少年心理辅导协会求助。这位母亲是名大企业家，也是强势的一家之主，她强迫孩子学钢琴，上各种兴趣班，但在这个孩子看来，这些只是为了满足妈妈的虚荣心，为了能够让她在外人面前炫耀自己的孩子如何优秀。在控制欲极强的母亲肆意占据孩子的自由空间之下，孩子最后选择走上了轻生这条路。

许多孩子的心理问题不是出在智商上，而是出在情商上，而90%以上的孩子的情商问题都是来自家庭因素。

不该发生的故事①

这个故事是真实的，是一个身为教师的母亲反思自己对女儿的教育后，鼓足勇气，心里流着血和眼里淌着泪讲出的故事。

一天上午，某中学初中部的电化教室里，坐满了学生和家长。他们要听一节生命课。主讲人黄侃老师讲述的是其女儿远远（化名）在荷兰留学时用极端的方式结束了自己年轻的生命的故事。

远远从小喜爱体育、唱歌，还喜欢吹长笛和玩打击乐，成绩优异。中学时出访过新加坡、韩国、澳大利亚和新西兰。到荷兰后，远远曾写信说很喜欢就读的学校，生活很愉快。在短短不到半年的学习中，远远在学业上已表现得异常优秀，成为该学校的优等生。

可是，2009年2月8日，远远同窗六年的闺中密友打来电话，说远远出事了。通过拨打中国驻荷兰大使馆的电话，黄侃确认了远远出事的消息。

据记者了解，2月8日，远远在写下分别给爸爸、妈妈和亲朋好友的三封遗书后，在宿舍内自尽。遗书写道："亲爱的妈妈：我知道我没有资格鼓励你要坚强不要为我哭泣之类的话……我真的太太太累了，八年来一次次平复将要崩溃的心灵，而当它再一次崩溃时我又无能为力，只有咬牙忍受再寻找调整的机会，而现实的事务又被耽搁着，现实的美好被破坏着，我真的厌倦了……"在遗书中，远远坦言自己受强迫症之扰已长达8年，痛苦不堪。

据专家介绍，强迫症属精神障碍性疾病，近年来在青少年中发病率极高，如不及时治疗，将会导致精神抑郁以至自杀。黄侃无论如何也没有想到，外表活泼开朗的女儿竟会背负如此大的痛苦，而作为母

① 李玲瑶：《一位特级教师在她女儿自杀后的教育反思》，雪漠文化网，2013年10月11日。

亲的她竟丝毫没有察觉。

黄侃认为女儿太要强，事事要求完美。远远的一位好友在接受记者采访时表示，她们在遇到问题的时候，都会咨询远远的意见。而现在回想起来，远远甚少与她们分享自己的感受。在遗书中，远远说曾想通过留学生活来减轻自己的症状，但却“没有找到救赎的灵药”。她还请求父母能够对强迫症人群进行研究，并且能够帮助其他的受害者。

黄侃后悔地说：“我对女儿的关心过于物质化，而在精神上交流得太少，我对她的精神世界缺少了解，这也是中国大多数父母的问题所在。”

女儿的离世让黄侃的教育理念发生了根本的变化。“我希望孩子和家长们对人生能有新的认识，考试成绩不是评判一个学生成功与否的标准，要懂得人生还有很多的风景。”于是就有了这堂生命课。对黄侃来说，这堂课的确难上，因为她要撕开自己心里渐渐愈合的伤口，直面失去女儿的痛苦。但黄侃希望用自己的亲身经历向学生和家长传递自己的教育理念。

对学生，黄侃说：“我希望孩子们能够学会面对生命中的痛苦、挫折、不幸，无论遇到什么事情，都要珍惜生命，生命只有一次，只要活着，就有希望。”对家长，黄侃说：“家长们请学会欣赏自己的子女，看到他们的独特之处，给孩子充分的信任和鼓励，尽可能地陪伴孩子成长的每一步。”谈及自己的教育感受，黄侃说，如果女儿在世，她一定会让她按自己的兴趣生活，绝不给她压力。“只要她能自食其力，做一个对社会没有危害的人，我就满足了。只可惜，生命不能从头再来。”

所以，家长一定要具备自省能力，要经常反思自己的教育方法是否恰当。记住：“教育错了的儿童比未受教育的儿童更远离智慧。”

心的洗涤

心理资本的巨大力量，使人们清楚，被钱财以及以它为标准的成功蒙上尘埃的心理，应该好好洗涤一下，还原其应有的清纯亮丽。微传媒在手机上传播的“孩子眼中的贫穷”启发着我们，应该用孩子的纯真视角来观察世界，恢复内心的清静。

一位亿万富豪想让他的儿子体验什么叫贫穷，于是就把他送到乡下的穷亲戚家去亲身体验。

他儿子在乡下住了三天三夜。在回家的路上，父亲在车里问他："你觉得怎么样？"

"很不错。"儿子回答。

"乡下跟我们家有什么区别吗？"父亲又问。儿子说："有许多不一样：

1. 我们家有一条狗；他们家有四条。

2. 我们家院子里有个游泳池，里面是加工处理过的水；他们家有个大池塘，水很清，里面还游着各种各样的鱼。

3. 我们的花园里有电灯照明；他们的院子里有星星和月亮照明。

4. 我家的花园一直到围墙边；他们的院子一直延伸到天边。

5. 我们买饭吃；他们做饭吃。

6. 我们听 CD；他们听小鸟、青蛙和其他动物的音乐会，当他们在田里工作时，所有这些美妙的音乐都会伴随着他们。

7. 我们使用微波炉做饭；可是他们用柴火煮的饭比我们的饭好吃得多。

8. 我们家四周都是围墙；他们家任何时候门都是开着的，以迎接朋友们的到来。

9. 我们与移动电话、电脑和电视紧密相连；他们与生活紧密相连，蓝天、碧水、绿草、树荫和家庭。"

父亲对儿子的观点感到很吃惊，最后儿子总结说："谢谢爸爸！你让我看到我们有多么的贫穷！"

这个故事给我们的启发是：

1. 口袋有了钱千万别忘了带小孩到穷山僻壤的农村里去体验一下另一种真实的生活；

2. 贫穷与富裕不是物质上的，而是心理上的，关键在于以什么心态看待事物；

3. 艰苦与大自然紧密相伴，是成长的宝贵财富与资源；

4. 物质上富有精神上却贫穷，是包括大人和孩子在内的所有人在成长中需要治疗的通病。